Ces petits renoncements qui tuent

Carine Azzopardi

Ces petits renoncements qui tuent

PLON
www.plon.fr

92, avenue de France
75013 Paris
Tél. : 01 44 16 09 00
Fax : 01 44 16 09 01
www.plon.fr
www.lisez.com

Mise en pages :
Dépôt légal : septembre 2022
ISBN : 978-2-259-31254-7

« La République, c'est ça : une trentaine de jeunes gens tous différents et un prof, différent lui aussi, qui discutent de l'histoire et de la poésie, qui essaient de comprendre ensemble ce qu'est le monde, ce que sont les langues, ce que sont une passion, un événement, un conflit, ce que sont le passé, le présent, l'avenir. »

Yannick Haenel,
« La solitude des professeurs »,
Charlie Hebdo, 6 janvier 2021.

Pour Guillaume,

Pour Samuel Paty,

Et pour toutes les victimes
du terrorisme islamiste.

Notre combat commun

J'ai rencontré Laurent Valogne un sombre soir de janvier 2018[1]. Sombre par l'absence de lumière en cette nuit d'hiver, sombre surtout du fait de la noirceur qui occupait alors mon âme.

J'étais en plein choc post-traumatique ; une dépression paralysante s'était abattue sur moi deux ans après l'attaque du *Bataclan*, au cours de laquelle l'homme de ma vie, le père de mes deux petites filles, avait été tué.

Quelques semaines auparavant, je n'avais eu d'autre choix que de quitter temporairement la rédaction en chef adjointe du journal national du soir sur France 3, étant devenue incapable d'exercer cette fonction, au cœur de l'actualité. Il faut

1. Laurent Valogne est un nom d'emprunt.

dire qu'à cette période, j'avais pris de plein fouet tous les attentats qui s'étaient succédé après le 13 Novembre, depuis les attaques de Bruxelles au lendemain de ma prise de poste jusqu'à Magnanville, Sotteville-lès-Rouen, et bien entendu Nice. À chaque fois, le même sentiment d'impuissance s'emparait de moi dans l'attente du dénouement. Revivre encore et encore à travers elles les événements de 2015 avait fait s'envoler le voile professionnel qui me protégeait depuis que j'avais couvert les attentats du 11 Septembre, à New York, où je me trouvais pour assister à un mariage. Ce jour-là, déjà, ma famille d'accueil et moi avions eu peur de perdre plusieurs des nôtres, présents dans les tours.

J'avais été toutes ces années dans l'action, m'engageant auprès d'un syndicat très à gauche, me rendant, pour juger par moi-même, et ne pas parler d'une réalité que je ne connaîtrais pas, dans les territoires occupés de Cisjordanie, avec d'autres jeunes volontaires internationaux, dans un camp à Naplouse pendant plusieurs semaines. Participant à mon retour à diverses manifestations…

Le 13 septembre 2001, je me souviens avoir réalisé un reportage dans l'ancienne mosquée du mollah Omar (le bras droit de Ben Laden) à Brooklyn, dans le quartier yéménite. Interrogeant des imams, des commerçants, qui me confiaient à demi-mot qu'ils étaient certes ennuyés pour les victimes, mais que les Américains l'avaient tout de même « bien cherché ». Les attentats étaient la conséquence de la politique extérieure américaine. À Paris, mes copains gauchistes applaudissaient. Aujourd'hui, le fil est rompu avec beaucoup d'entre eux.

Car, depuis ces heures sombres de 2017, où la dissonance cognitive se mêlait chez moi à un violent choc post-traumatique, que beaucoup ont décrit lors de leur audition au procès des événements du 13 Novembre, j'ai parcouru un chemin de reconstruction à ma manière, en ouvrant enfin les yeux sur cette réalité que je niais profondément : c'était l'islamisme, en tant qu'idéologie, qui avait conduit à ces attentats.

Laurent, lui, me racontait son quotidien, désespérant, celui d'une progression constante de l'obscurantisme parmi ses élèves. Il se trouvait très isolé.

Après la mort de Samuel Paty, qui ne nous a malheureusement pas tant étonnés que cela, malgré notre sidération respective, nous avons beaucoup échangé. Nous étions tous les deux très touchés, lui parce qu'il pressentait que n'importe quel professeur aurait pu être à la place de la victime, moi, en raison d'une évidente identification avec sa famille. J'ai alors proposé à Laurent de raconter son histoire. Une façon pour nous deux de ne pas nous sentir totalement impuissants et inutiles.

Nous allons vous livrer ici, à la première personne, à travers le quotidien apparemment banal d'un professeur de lettres, un récit de passion, de transmission, de peur face à un endoctrinement de plus en plus prégnant des élèves.

Cet ouvrage est le fruit de longues heures d'entretien avec Laurent. Voulant l'extraire du silence, j'ai recueilli son témoignage, une parole forcément subjective. Cette mise en mots est pour nous une manière de mettre en lumière le phénomène de remontée du fait religieux, lequel évidemment ne mène pas toujours à la violence, mais facilite un retour de l'obscurantisme dans lequel celle-ci s'enracine. Et aujourd'hui, lorsque j'explique à mes filles qui grandissent ce qu'il se passe dans le pays où leur papa a été tué un soir de concert pour avoir simplement voulu exercer son métier de journaliste musical, je leur décris cette bête immonde qui revient, que nombre de mes amis ne voient toujours pas, et qui se nomme islamisme. Et je leur explique qu'il y a des gens, comme Laurent, qui sont en première ligne, et font ce qu'ils peuvent pour que les digues ne sautent pas totalement.

À mes yeux, ce sont des hussards noirs de la République, ceux qui les premiers ont donné l'alerte sur le retour du religieux dans l'enseignement. Ils sont rares, comme Didier Lemaire, ce professeur de Trappes, ou comme ces enseignants de Sciences Po Grenoble, accusés d'islamophobie par des étudiants après avoir contesté l'usage de ce terme. À la suite des menaces qu'ils ont reçues, ils n'exercent plus leur métier.

C'est pour cette raison que Laurent a souhaité rester anonyme, car ce métier est toute sa vie. Outre qu'il est soumis à un devoir de réserve, ne plus pouvoir l'exercer serait pour lui un crève-cœur.

Pour moi, c'est un moyen parmi d'autres de tenter de comprendre l'indicible, en donnant la parole à un témoin qui se veut modeste, parfois impuissant, mais qui n'a pas abandonné tout espoir.

Pour nous deux, ces mots sont aussi une manière d'honorer la mémoire de nos chers disparus, en ne baissant pas les bras.

L'anonyme qui ne baisse pas les bras

Pour être un éducateur, il faut être un homme libre.

Ferdinand Buisson[2]

Impossible de dormir cette nuit-là. Bien avant que le soleil ne se lève, en ce 2 novembre 2020, je suis déjà debout, arpentant mon salon de long en large le cœur battant, le corps tendu comme une corde prête à se rompre. Tout à l'heure, il va falloir affronter les regards, le silence, le retour dans l'enceinte du lycée, dans laquelle je ne suis pas revenu depuis l'annonce de l'assassinat de ce professeur. Affronter l'absurdité de cet hommage, bâclé par

2. Discours de clôture du 22e Congrès de la Ligue de l'enseignement, le 29 septembre 1903, repris dans *La Foi laïque. Extraits de discours et d'écrits*, Paris, Le Bord de l'eau, 2007.

avance, après les tergiversations de l'administration centrale pendant les vacances. Dans une confusion totale, au dernier moment, nous avons appris qu'une minute de silence serait respectée, à onze heures. Rien de plus. Pas d'échanges, pas d'explications : «pas de vagues». Une simple minute de silence... Nous sommes lâchés dans l'arène avec pour unique bagage nos seules connaissances, parfois nos seules convictions. Cela ne suffit pas. Une rage sourde m'étreint...

J'ai très peu dormi ces quinze derniers jours, ne cessant de passer et de repasser en boucle les dernières semaines de la vie de Samuel Paty. Je me sens une telle proximité d'âme avec ce collègue que je ne connaissais pourtant pas. J'essaie d'imaginer sa solitude, son impuissance... Je la ressens tellement, cette impuissance... Sa terreur, sachant qu'il m'est impossible de l'imaginer tout à fait. Alors qu'un deuxième confinement est annoncé dans une France engourdie par le virus, je suis dans un état de détresse totale face à cette abomination.

J'ai décidé ce matin-là de ne pas m'en tenir à la simple lecture d'une lettre, suivie d'une minute de silence. De ne pas reprendre mes cours comme si de rien n'était. Pour moi, c'est impossible. Et c'est la moindre des choses que je puisse faire.

J'imagine la manière dont il aurait agi, si j'avais été à sa place. Tout se mélange…

Dans le métro pratiquement désert, je tourne et retourne dans ma tête les mots que je vais prononcer devant les élèves. Car chaque mot compte, chaque mot pourra être mal interprété. Chaque parole peut mettre de l'huile sur le feu dans une classe qu'une étincelle suffit à embraser. J'ai d'abord pensé, outre la lettre de Jean Jaurès qu'il est prévu qu'on lise, lire celle d'Albert Camus à monsieur Germain, son instituteur. Et puis non, finalement, je n'en resterai pas là. Sur ma clé USB, j'ai enregistré quelques images, quelques caricatures politiques, des supports qui vont me permettre d'évoquer ce qu'est la liberté d'expression en France. Une tradition si ancrée dans notre histoire… Si fragile, pourtant, face aux renoncements insidieux, année après année. Je veux aussi parler de laïcité, puisque le terme, à force d'être employé à tort et à travers, se retrouve parfois totalement dévoyé. Revenir aux fondamentaux : être clair, didactique, expliquer ce que sont la liberté de conscience, la liberté de culte… En somme, faire mon métier : enseigner, pour éduquer, c'est-à-dire élever, au sens noble du terme : emmener plus haut.

C'est la raison pour laquelle j'ai accepté de témoigner aujourd'hui. Parce que j'aime mon métier, parce qu'il est menacé par l'impuissance que je ressens au quotidien devant la montée du fait religieux dans l'enceinte scolaire.

Je suis professeur de lettres depuis trente ans, dont vingt passés dans ce qu'on appelle une « banlieue difficile » en région parisienne. Ce fanatisme qui a mené à la décapitation de Samuel Paty, je l'ai vu doucement grandir, éclore, prendre ses aises dans l'école de la République, fleurir sur l'ignorance crasse, sur les renoncements des uns et des autres.

Voici venu le temps de vous expliquer comment nous en sommes arrivés là, et pourquoi l'école, qui forme les générations de citoyens de demain, est aujourd'hui malade. Voici venu le temps pour moi, modestement, d'apporter ma pierre au débat, d'identifier un ennemi qui s'avance à peine masqué au sein de l'Éducation nationale, et qui, si l'on n'y prend garde, tel le cheval de Troie, en pourrira les bases jusqu'à l'effondrement. L'enjeu : poser les termes d'un débat piégé et explosif, et ce, de manière dépassionnée. Un débat dont les extrêmes veulent tous tirer les marrons du feu…

Voici, en sept chapitres, les raisons qu'il y a aujourd'hui de résister – et d'espérer.

1.

Un hommage de plus

Il faut envisager le pire, et combattre pour le meilleur.

Guy Debord[3]

L'un des nôtres est tombé

Je fixe la moquette mauve pendant un temps qui me semble infini. Nous sommes une centaine d'enseignants à être rassemblés dans cette salle de réunion, en ce 2 novembre après-midi, et le proviseur vient d'improviser une minute de silence en l'honneur de Samuel Paty. Sa voix tremblante, qui s'étrangle un peu plus à chaque parole, a fait place au recueillement. Dans ma tête, je crois entendre

3. *Notes sur la « question des immigrés »* (décembre 1985).

les battements de mon pouls ; je vois une collègue essuyer discrètement une larme, deux rangs plus loin. Cette minute de silence entre nous, nous étions nombreux à en éprouver le besoin, une sorte de deuil collectif à effectuer, une étape à franchir avant de pouvoir reprendre le fil de nos vies de professeurs, bouleversées par l'assassinat de Conflans-Sainte-Honorine. À ce moment-là, je pense à lui, à son petit garçon, à sa femme, à ses élèves. Cet instant, je m'en souviendrai toute ma vie. L'un des nôtres est tombé, me dis-je, m'apercevant aussitôt qu'il s'agit d'une formule que l'on utilise en temps de guerre…

Il est un peu plus de dix-huit heures ce soir-là quand je reçois le SMS d'un ami, m'apprenant qu'un professeur vient d'être tué dans les Yvelines. Spontanément, je suis méfiant, j'ai appris à vérifier les informations avant de réagir. Je me connecte donc, et je passe en revue les grands quotidiens, *Le Monde*, *Le Parisien*, *Le Figaro*, *Libération*… Je n'en décollerai pas avant une heure du matin, liquéfié. Ce soir, c'est le début des vacances scolaires, je reçois un flot de messages me disant : « On pense à toi ! », provenant de nombreux amis qui exercent un autre métier que le mien.

Lorsqu'un peu plus tard le *modus operandi* de l'assassinat est confirmé, je suis dans un état d'accablement total. Un collègue m'envoie des captures d'écran saisies sur les réseaux sociaux, dans lesquelles des jeunes se réjouissent de ce qui vient de se passer. Je m'effondre. Vers vingt-deux heures, je trouve facilement sur YouTube la vidéo postée par ce père d'élève qui dénonce Samuel Paty. Je suis stupéfait.

Les informations arrivent de tous les côtés, je me sens bombardé. J'apprendrai plus tard que ce parent d'élève a menti, que sa fille, absente ce jour-là, n'avait même pas assisté au cours de mon collègue. Lorsque j'éteins la lumière, ayant bu la coupe jusqu'à la lie, je suis pris par la nausée. Je tente de dormir. Peine perdue. Je me relève, allume une cigarette, bois un verre de vodka cul sec. Rien n'y fait. Ma révolte intérieure monte. Pour évacuer la tension, je boxe dans un oreiller, je manque même de tuer mon vieux chat, le pauvre, en donnant des coups de pied un peu partout. Je finis par m'effondrer de fatigue, et me réveille, épuisé, au petit matin. En miettes.

Samuel Paty, professeur d'histoire-géographie à Conflans-Sainte-Honorine, ç'aurait pu être moi, professeur de lettres dans un lycée de banlieue parisienne. Il m'est arrivé d'évoquer l'art de la caricature en cours, les registres comique et satirique ont longtemps été inscrits au programme, ce sont des notions que j'ai déjà abordées, avec des supports divers, des dessins de presse principalement. Le sujet est explosif, et je sais parfaitement que ce genre de cours ne s'improvise pas, qu'il doit être étayé par un travail didactique solide en amont.

Pourquoi Samuel Paty a-t-il abordé ces notions dans le cadre d'un enseignement disciplinaire historique ? A-t-il dérapé, commis une maladresse ? Ou pris des risques inconsidérés ? D'après tous les journaux, et les communications que nous recevons en interne, il apparaît qu'il avait inclus cette séquence sur la liberté d'expression dans son cours d'éducation morale et civique, d'EMC, comme on dit dans notre jargon. Mais que s'est-il donc passé ? Je continue mes recherches, je lis beaucoup, et peu à peu j'assemble les pièces du puzzle. Je déroule progressivement le fil des événements…

Je suis sidéré par l'emballement, par la mécanique qui s'est mise en place, implacable, jusqu'au meurtre. Tout est allé à une telle vitesse… Comment se fait-il que ce professeur se soit retrouvé, en quelques semaines, avec un individu fiché S aux trousses ? Comment se fait-il qu'il n'y ait pas eu d'alerte ?

Dans les jours qui suivent, je compulse tous les articles, j'écoute les informations en permanence pour tenter de comprendre cet engrenage. Je pense tout de suite à une défaillance du rectorat. Dans le flot des nouvelles, certaines sont fausses, bien évidemment. Les sites web d'extrême droite se sont engouffrés dans la brèche, et font circuler des rumeurs. Dans la précipitation, on peut être troublé par des «*fake news*», des pseudo-informations complotistes relayées par des collègues ou des amis trop crédules. Difficile de garder la tête froide dans ce maquis, tant l'émotion nous submerge. On me fait suivre des captures d'écran en provenance de ce qu'on appelle communément la «facho-sphère», et cela me met très mal à l'aise.

Spontanément, j'ai d'abord honte de l'institution dans laquelle je travaille. Et puis, je cherche à savoir exactement ce qu'il s'est passé, quel rôle elle a joué, pour comprendre comment cet enchaînement fatal a pu avoir lieu. Le pire, en y repensant, c'est que malgré le choc, je ne suis même pas surpris. Souvent, avec certains collègues dont je suis proche, nous nous sommes dit que quelque chose de grave allait un jour arriver. Nous le redoutions.

Je passe mes soirées à lire tout ce qui paraît, dans un état de grande tension. Je me méfie de ces informations contradictoires qui viennent d'un peu partout, de la confusion ambiante alimentée par les uns et par les autres. Certains jours, la réalité dépasse la fiction, on ne l'a vu que trop souvent, alors il est difficile de s'y retrouver. Je suis prudent, mais je veux savoir. Je ne cesse d'écouter la radio, de lire les journaux. Il m'apparaît que Samuel Paty a pris des précautions, qu'il a même été extrêmement respectueux pour ne pas heurter ses élèves. Rien à redire. Il a fait son travail avec rigueur. Aucun pas de côté par rapport aux instructions officielles. Et, jour après jour, ressort son immense solitude face à l'engrenage. J'enrage, une fois de plus. Tous ces éléments que je pressentais seront confirmés plus tard par l'enquête magistrale de David di Nota[4].

Pendant les vacances, les communications vont bon train sur la messagerie académique, notre

4. *J'ai exécuté un chien de l'Enfer. Rapport sur l'assassinat de Samuel Paty*, Paris, Le Cherche midi, 2021.

boîte aux lettres professionnelle : nous recevons des communiqués des différents syndicats, un message de notre ministre. En revanche, sur l'intranet du lycée, la direction reste silencieuse… Il faudra attendre le dernier week-end des vacances pour y recevoir un message, laconique.

D'après les communiqués envoyés par le ministère, il est d'abord question de ne pas faire cours le lundi matin de la rentrée scolaire, afin de pouvoir réunir toutes les équipes pédagogiques, partout en France, et préparer ensemble un hommage qui prendra la forme d'un cours exceptionnel aux élèves le lundi après-midi. Je commence à réunir des documents, à proposer des ateliers. Certains professeurs craignent ce moment. Tout le monde n'est pas à l'aise avec l'enseignement de l'histoire, de la liberté d'expression, c'est normal. Certains sont très bons dans leur discipline, mais moins familiers des sciences humaines.

Le vendredi soir précédant le retour en classe, la nouvelle tombe : l'hommage à Samuel Paty sera réduit à la portion congrue. À onze heures, nous lirons aux élèves un texte de Jean Jaurès sur la laïcité, et ferons ensuite une minute de silence en classe. Officiellement, ce revirement est dû à des difficultés dans l'application du protocole sanitaire.

La France entame son deuxième confinement, mais les établissements scolaires resteront ouverts. Je ne comprends pas en quoi cela empêche de «marquer le coup». Qu'importe, je ferai un cours d'une heure, puisque je l'ai préparé. Rien de magistral, mais un cours ordinaire, en interaction avec les élèves.

La minute de silence est globalement bien respectée. L'une des élèves en perturbe le début, disant que «tout ça [*sous-entendu : le meurtre du professeur*] n'est qu'une mise en scène». Mais je sais qu'elle est atteinte de troubles psychologiques. Je la recadre gentiment, et elle se tait. Je n'y attache pas d'importance. Dans la salle d'à côté, j'entends des élèves rigoler. Le collègue laisse passer. Tous n'ont pas envie de faire un rapport à chaque incident, un signalement. Parfois, il est plus simple, par lâcheté peut-être, par lassitude plus certainement, de «laisser filer…»

Et puis, je déroule mon cours. J'évoque l'histoire de la caricature, et de la liberté d'expression, ce que cela signifie, à partir d'un ensemble de documents que je projette aux élèves. Emmanuel Macron caricaturé en Louis XVI (ils sourient, c'est bon signe), Louis-Philippe en poire, des caricatures scatologiques du pape par Cranach, et puis quelques unes du magazine Charlie Mensuel des années 1970. Ils arrivent à dégager une définition de la caricature : « elle exagère », me dit l'un, « elle grossit le trait », me dit une autre, « c'est pas respectueux », me dit encore un dernier élève. Je suis heureux, le cours a l'air de les intéresser. Je reformule avec eux : « C'est un art polémique, irrévérencieux à l'égard de tous les pouvoirs, du politique souvent. » Ils comprennent et répondent : « Oui, mais monsieur, c'est pas agréable. » Oui, la caricature est là pour irriter, déranger (on avance). Je leur explique que si les gens qui moquent Emmanuel Macron ne sont pas arrêtés, cela ne se passe pas ainsi dans tous les pays du monde, qu'il y a donc en France quelque chose qui s'appelle la liberté d'expression. Ils sont d'accord. Je fais le lien avec Molière, que nous sommes en train d'étudier, histoire de leur montrer que la littérature a une certaine valeur d'usage, qu'elle n'est pas seulement un monument patrimonial, figé, et que de plus, elle peut être drôle. Ils approuvent, car ils aiment le cours sur Molière. Jusqu'ici tout se passe bien.

Une élève demande alors la parole, un peu gênée : « Bien sûr, Samuel Paty ne méritait pas la mort, mais… il ne faut pas se moquer du Prophète ! »

Un murmure traverse la classe, je vois que certains hochent la tête en abondant dans son sens. « Tu as raison, ce n'est pas agréable », lui dis-je, « ma grand-mère pensait la même chose : dans les années soixante-dix, c'était une fervente catholique, et elle détestait Charlie Mensuel, mais ce n'est pas pour autant qu'elle souhaitait la mort des journalistes qui y travaillaient. » « Oui, mais monsieur, c'est toujours sur l'islam qu'on tape ! », s'indigne mon élève. Je lui objecte que ce n'est pas vraiment exact, et je leur montre des unes ou des dessins du *Canard enchaîné* qui tournent le pape en dérision. Je constate que ces caricatures les choquent tout autant. « Mais pourquoi ils font ça, monsieur ? » Je leur parle de la tradition anticléricale française, de Rabelais, de Brassens. Incompréhension. Le découragement me gagne… J'ai le sentiment de ne pas arriver à me faire comprendre… Intérieurement, je pense à des concepts comme celui de la sécularisation, c'est-à-dire l'autonomisation des structures politiques et sociales par rapport aux religions à partir du XVIIIe siècle. Que faire ? Je bifurque vers la laïcité, qui sera peut-être plus facile à expliquer que le processus de sécularisation.

Je poursuis en leur expliquant la liberté de conscience, la liberté de culte. Silence massif.

Je leur demande : « Est-ce que vous avez bien compris ? Est-ce que quelqu'un peut reformuler ce que je viens de vous expliquer ? » Une élève prend la parole : « Tout de même, c'est vrai que la laïcité est une chance. Ailleurs, il y a des musulmans qui sont persécutés. On ne peut pas dire qu'on est persécutés, nous. » Je rebondis, je parle des minorités ouïghoures, des Rohingyas. Un autre intervient : « D'accord, on n'est pas persécutés, mais il y a plein d'agressions en France contre les musulmans. » Une adolescente renchérit : « Oui, des femmes voilées agressées à la tour Eiffel. » Un autre enchaîne : « Et puis, sur les plateaux télé, depuis quinze jours il n'y a que de l'islam-*bashing* ! » La formule me surprend. Je leur dis : « Vous avez raison de vous indigner parce que deux femmes voilées ont été agressées. Vous vous indignez aussi à bon droit parce que vous entendez parler négativement de l'islam à la télévision... Mais pourquoi ne vous indignez-vous pas qu'on ait tranché la tête d'un homme ? » Silence dans la classe...

J'enchaîne : « Un homme est mort, il a payé de sa vie sa mission de professeur, c'est sur cela que vous devez réfléchir, sur le fait qu'on a tué un homme, qu'on s'est octroyé le droit de vie et de mort sur lui. Vous savez, ce qu'a subi Samuel

Paty, beaucoup de musulmans en sont victimes. Le premier danger, y compris pour les musulmans, ce sont les fanatiques et les intégristes. » Silence…

Je ressens alors plus que de la frustration : de l'amertume. Je ne pense pas qu'il y ait des failles dans mon raisonnement, je suis prêt à tout entendre, à discuter avec eux, à argumenter, à écouter… Mais dans la classe, plus personne ne répond. Sonnerie, fin du cours. Je sors de la salle un peu groggy. Mon dos ruisselle de transpiration. J'ai vraiment mouillé la chemise, au propre comme au figuré.

« Monsieur, ça se fait pas ! »

Des hommages, depuis une bonne dizaine d'années, malheureusement je n'en ai que trop organisé. Et des cours sur la liberté d'expression et les caricatures, j'en ai donné aussi, toutes ces années durant. La caricature n'existe pas seulement dans les dessins. C'est aussi une forme d'expression littéraire et historique présente dans de nombreux textes. Je me souviens des incidents qui avaient eu lieu lors de l'un de ces cours. Nous étions en 2011. C'était juste après l'incendie dans les locaux de *Charlie Hebdo*.

Dès le début du cours, l'une de mes élèves s'était ostensiblement bouché les oreilles. J'avais pris ce jour-là comme objet d'étude un texte de Philippe Val, très bien argumenté, sur la caricature. L'auteur y raconte, par exemple, que l'interdit de la représentation du Prophète n'est pas total en islam, que dans la culture chiite, par exemple, il arrive qu'on puisse le représenter. En soi, rien de polémique là-dedans. Mais le simple fait d'aborder ce thème provoque alors de l'agressivité.

Je lis le texte à haute voix, et trois filles s'énervent. L'une fulmine, même. Elles prennent cette lecture comme une attaque directe contre elles. Je leur dis : « Écoutez, on est en cours, c'est un texte argumentatif, structuré. Nous sommes là pour échanger des arguments, pas pour polémiquer. Donc essayez au moins d'entendre ce texte... » Peine perdue... Or, on en était encore au moment où on « se contentait » de mettre le feu au local de *Charlie*.

Je suis tout de même allé jusqu'au bout du texte ce jour-là. Ce cours intervenait après un autre consacré à une synthèse de documents ayant pour thème la caricature. J'avais mis, je m'en souviens, des illustrations provenant du magazine *L'Assiette au beurre*[5].

5. Magazine satirique illustré français ayant paru de 1901 à 1936.

Le sujet était sorti à l'examen auquel je les préparais, je n'avais rien inventé, et j'avais pioché certaines images dans un manuel scolaire. Je m'étais dit qu'un prolongement et un éclairage sur l'actualité s'imposaient. Je n'avais montré aucune caricature du Prophète, me contentant d'étudier cet article de Val, plutôt bien construit.

À un moment, j'ai vraiment l'impression de leur arracher des dents avec une tenaille. Ils s'insurgent : « Ça se fait pas, monsieur ! On peut pas attaquer le Prophète ! C'est un manque de respect ! C'est blasphémer ! »

Des phrases de ce genre, j'en entends souvent depuis une quinzaine d'années. Le pire, c'est que les mêmes mots sont prononcés aujourd'hui par certains de mes collègues. Je leur réponds alors : « Et Voltaire qui a défendu le chevalier de La Barre, condamné à mort pour blasphème et sacrilège, car il ne s'était pas découvert devant une procession religieuse ? Le chevalier aurait donc dû se découvrir ? Si on suit cette logique, cela signifie qu'il nous faut nous incliner devant le religieux ? En 2022 ? *Quid* de la sécularisation ? »

Après les attentats de *Charlie Hebdo*, j'avais mis sur une clé USB un grand florilège de couvertures d'*Hara-Kiri*. J'essaye toujours d'expliquer aux élèves qu'il n'y a pas de lien de cause à effet entre les caricatures et cette violence, mais certains ne veulent pas l'entendre. Peu après l'assassinat de Samuel Paty, un attentat islamiste a eu lieu à Vienne. Je ne sache pas qu'en Autriche on ait caricaturé le Prophète… Quelques jours plus tard, à nouveau, des talibans ont pénétré dans l'enceinte de l'université de Kaboul et ont tiré sur les étudiants à la kalachnikov. Ils n'avaient pourtant pas dessiné de caricature !

« Oui mais monsieur, les caricatures, ça aide pas ! », disent souvent les élèves. Je leur réponds : « Peut-être, mais ce n'est pas pour cela qu'on tue, ce n'est pas la cause première ! Ce n'est pas parce que Samuel Paty a montré des caricatures qu'il a été tué ! » Pour certains de mes collègues, c'est le colonialisme le responsable, ou bien la géopolitique et le rôle de l'Occident au Moyen-Orient. Ce sont des choses qu'il ne faut pas nier, mais cette interprétation des événements s'avère à mon sens insuffisante. À ces arguments, j'oppose l'exemple du Danemark, qui a lui aussi été frappé par des attentats islamistes en 2015. À ma connaissance, le Danemark n'a jamais colonisé que les Inuits… Quant aux frappes contre l'État islamique, elles ne sont intervenues qu'après les attentats, et sont une constante de la propagande de Daech pour justifier les attaques *a posteriori*. Selon moi, cette grille de lecture ne peut pas fonctionner. Mais je me sens bien seul à penser cela.

Les incidents ne datent pas d'hier. Déjà, l'hommage à Arnaud Beltrame, ce gendarme tué dans le supermarché de Trèbes, ne s'était pas très bien déroulé. Il y avait eu des remous dans le lycée. Des enseignants avaient été si choqués qu'ils s'étaient mis ensuite en arrêt maladie. Un parent d'élève procédurier avait demandé à rencontrer l'un de mes collègues et lui avait dit : « Monsieur, ma religion est au-dessus de votre République. » Ce professeur en était resté interdit…

Quelques jours après l'hommage à Samuel Paty, je croise dans les escaliers un groupe de lycéens que j'ai eus en classe l'année précédente. L'un d'eux, je le sais, n'a pas voulu faire la minute de silence. Je leur lance, sur un ton plutôt léger : « Alors les garçons, j'ai appris que vous vous étiez distingués ? » La discussion commence. L'un des trois, Gaëtan[6] (je précise que Gaëtan est un adolescent qui n'est

6. Tous les prénoms cités dans ce livre ont été modifiés.

pas issu d'une minorité), me dit : « La liberté d'expression, monsieur, elle est valable pour un professeur d'histoire qui montre des caricatures de Mahomet, mais elle est pas valable pour les gens qui défendent le Black Lives Matter[7] ! » J'ai alors vaguement en tête une polémique sur les réseaux sociaux, en effet, où une mairie de banlieue parisienne a recouvert un tag de peinture blanche. Dans mes souvenirs, ce tag appelait au meurtre de policiers, d'où la peinture blanche. Alors je rétorque : « Gaëtan, tu confonds appel au meurtre et liberté d'expression, ce sont deux choses différentes. » Le jeune homme se rembrunit un peu pendant que ses copains regardent leurs pieds. L'un d'eux, après un temps de silence, prend la parole : « Ouais, peut-être pour ça, mais Dieudonné, lui, il est censuré, il a pas le droit de s'exprimer ! Donc liberté d'expression pour les gens de *Charlie*, mais pas pour Dieudonné ! » Je lui explique : « Non. Dieudonné a tenu des propos qui sont punis par la loi, ce sont des propos antisémites, ce n'est pas la même chose. » L'adolescent me répond avec cette phrase que j'entends souvent, toujours la même :

7. Mouvement politique né en 2013 aux États-Unis dans la communauté afro-américaine, militant contre le racisme envers les Noirs.

« Alors on peut se moquer des musulmans, mais on ne peut pas se moquer des juifs ? »

La discussion tourne court, car nous sommes dans un escalier, mon cours va commencer dans quelques secondes… « On en reparlera si vous voulez », leur dis-je. Malheureusement, nous n'avons pas eu l'occasion de le faire… Une rapide discussion, qui est révélatrice de l'état d'esprit de beaucoup de mes élèves. Dont un certain nombre ne sont même pas, comme Gaëtan, musulmans. Ces élèves ne sont pas un cas particulier : à la veille du procès des attentats de janvier 2015, 21 % des jeunes Français ne condamnaient pas les djihadistes[8].

Je me souviens aussi de la minute de silence après les attaques du 13 novembre 2015. Nous avions alors une direction qui craignait les incidents. Or, beaucoup d'élèves étaient ce soir-là au Stade de France. Ils avaient eu donc très peur en entendant l'explosion, et lors de l'évacuation du stade. Beaucoup étaient personnellement émus. Mais notre proviseur craignait malgré tout que la minute de silence qui devait avoir lieu dans la cour

8. Source : sondage Ifop pour *Charlie Hebdo* et la Fondation Jean-Jaurès, publié le 1er septembre 2020.

soit perturbée. Imaginez-vous, deux mille élèves, entre quatorze et vingt et un ans, issus de la banlieue, encadrés par une centaine de professeurs. La scène m'a marqué, c'était impressionnant. Impressionnant de dignité cette fois, beaucoup plus que pour *Charlie Hebdo*, car les élèves ont respecté ce moment de recueillement. On entendait même des avions voler au loin. Et là, au bout d'à peine vingt secondes, un coup de sifflet a retenti. Fin de la « minute » de silence, bâclée. Un recueillement interrompu parce qu'on avait peur que cela ne dégénère. J'étais honteux, et en colère.

« Le danger, c'est l'islamophobie »

Mais revenons au 2 novembre 2020. Après la minute de silence en mémoire de Samuel Paty, je termine mon cours, frustré. J'ai eu le sentiment de ne pas être entendu. Cela me remplit d'amertume.

Quelques minutes plus tard, je pénètre dans la salle des professeurs. J'y retrouve un collègue qui me dit alors : « De toute façon, le danger, maintenant, c'est l'islamophobie. » J'ai tellement entendu cette phrase qu'elle en devient presque un poncif après chaque attentat. Je lui réponds : « Mais enfin, le problème, pour l'instant, c'est quand même qu'un professeur ait été décapité, non ? » Et il me rétorque quelque chose qui me laisse sans voix : « Laurent, tu te laisses envahir par l'émotion. Tu n'es plus dans le rationnel. » Que répondre à cela ? « Non, tu te trompes », lui dis-je. « Au contraire, je réfléchis, et pas seulement avec mes émotions. Qui n'a pas été ému par ce qui est arrivé ? Mais cela ne m'empêche pas de garder la tête froide devant un tel événement. Je sais reconstituer des faits, et les analyser. » Silence radio… que la sonnerie qui retentit vient interrompre. Parfois, je retrouve les phrases que prononcent mes élèves dans la bouche de certains professeurs, et cela a le don de me laisser pantois…

Fort heureusement, ce genre de discours n'est pas majoritaire. Car en salle des professeurs, comme en classe, la majorité est silencieuse. Mais cette phrase, par exemple, je l'entends souvent : « Maintenant, c'est l'islam qui va s'en prendre plein la tête. »

L'après-midi, alors que l'amphithéâtre termine de se remplir pour la minute de silence commune, une collègue arrive, très stressée : « Ça y est ! On a attaqué un restaurant de kebab, ça commence ! »

Elle se fait vertement remettre à sa place par une autre enseignante et fond en larmes.

Après le meurtre de Samuel Paty, nous avons reçu des courriers électroniques de la part des syndicats. L'un, après un premier paragraphe consensuel évoquant la lutte contre l'obscurantisme et l'école en tant que lieu d'ouverture, se termine par ces mots : « Nous souhaitons également que cet assassinat atroce ne soit pas l'occasion pour le pouvoir ou les forces réactionnaires de semer le poison de la division et du racisme. La terreur ne se combat pas à coups de menton ou bien en pointant du doigt des minorités. Elle se combat par la solidarité[9]. » Pas une seule fois n'est écrit le mot *terrorisme*, et je ne parle même pas du terme *islamisme*. Je songe alors aux militants espagnols en exil qui ont fondé ce syndicat, proche d'un certain communisme libertaire, à leurs combats pendant la guerre d'Espagne. Je pense que George Orwell doit se retourner dans sa tombe.

Il me semble pour ma part que les Français sont très résilients. La grande manifestation après les

9. Communiqué de la Confédération nationale des travailleurs-Solidarité ouvrière (CNT-SO), 17 octobre 2020.

attentats de janvier 2015, que nous avons tous en mémoire, avait été massive et pacifiste. Je ne sache pas qu'on se soit mis à attaquer des mosquées à la kalachnikov, comme à Christchurch[10]. Lorsque j'avance ces éléments, certains collègues me répondent : « Mais il y a plein d'actes islamophobes ! Certains ne sont même pas recensés ! On les met sous le boisseau ! Il n'y a que l'antisémitisme qu'on met en avant dans les médias ! » Ou quand la salle des professeurs est à la limite de verser dans le complotisme… Les chiffres sont pourtant éloquents : en 2021, 1 659 actes antireligieux ont été recensés, parmi lesquels 857 faits antichrétiens (52 %), 589 faits antisémites (36 %) et 213 faits antimusulmans (13 %). Même si les actes antimusulmans sont en hausse, ils demeurent bien en deçà des atteintes aux deux autres monothéismes[11].

Les jours qui suivent le 2 novembre, nous recevons de nouvelles instructions provenant du

---

10. Ville de Nouvelle-Zélande où ont eu lieu en 2019 des attentats contre deux mosquées, qui ont fait cinquante et un morts.

11. Source : *Les Actes antireligieux en France*, rapport parlementaire présenté par les députés Ludovic Mendès et Isabelle Florennes, remis au Premier ministre le 21 mars 2022 (en ligne : https://www.vie-publique.fr/sites/default/files/rapport/pdf/284641.pdf).

ministère. Un livret, intitulé « Valeurs de la République », sera distribué aux enseignants. Une sorte de cours clé en main, pour leur permettre d'aborder pendant une heure le thème de la laïcité avec les élèves. Quelques collègues viennent me voir : « Laurent, je ne me sens pas capable de le faire. » Certains me disent ne pas maîtriser les notions. D'autres ont tout simplement peur que les discussions ne dégénèrent et de ne pas parvenir à garder le contrôle de leur classe. « Peux-tu intervenir à ma place ? » J'accepte toutes les interventions qu'on me demande. Avec en tête à chaque fois l'idée de ne pas faire un cours magistral, de ne pas donner une « leçon ».

Avec certaines classes, l'échange est fructueux et j'en sors plein d'espoir. Avec d'autres, c'est plus compliqué, certains élèves sont agités. Invariablement, l'argument du « deux poids, deux mesures » revient. On me reparle du mouvement Black Lives Matter qui serait étouffé en France, ainsi que de « l'islam-*bashing* ». Et, inlassablement, je réponds aux élèves : « Savez-vous ce qu'est une minorité persécutée ? Avez-vous entendu parler des Rohingyas ou des Ouïghours ? »

Beaucoup de mes collègues, et je ne leur jette absolument pas la pierre, se sentent dépassés par la situation. Nous n'évoluons pas dans une atmosphère violente (bien que très bruyante et fatigante). Notre lycée – je tiens à le préciser – n'est pas situé en ZEP[12]. Mais nous avons coutume de dire que nous avons tous les inconvénients de la ZEP, sans en avoir les avantages : le dédoublement des classes par exemple. Nos élèves sont pour la plupart issus de classes sociales modestes, ce sont majoritairement des boursiers. Mais beaucoup d'entre eux sont très motivés. Depuis plusieurs années cependant, le lycée n'échappe ni aux débats ni à la violence qui ont cours à l'extérieur de ses murs. Ni, bien sûr, à l'emprise religieuse qui s'étend sans faire de bruit. Pour la grande majorité des élèves, l'école n'est plus un lieu neutre. Et les professeurs ne peuvent qu'assister, impuissants, à un phénomène inquiétant, celui d'une influence idéologique qui s'installe subrepticement dans de jeunes esprits.

Notre quotidien est fait de ces petits renoncements. Beaucoup de professeurs laissent passer,

12. Zone d'éducation prioritaire; par extension, établissement situé dans un territoire dont les habitants rencontrent des difficultés sociales et où est mis en place un renforcement de l'action pédagogique et éducative.

car ils ne veulent pas envenimer la situation. Pour certains élèves, l'islam est devenu l'*alpha* et l'*oméga* qui doit primer sur tout le reste, apprentissages compris. *Islam first*. Pour eux, les convictions ne peuvent être mises entre parenthèses à l'intérieur du lycée. Au contraire.

Ce basculement a été très progressif. Il y a quelques années encore, au début des années 2000, lorsque j'ai commencé à enseigner le français dans ce lycée, une quinzaine d'élèves venaient avec un voile léger sur la tête. Désormais elles sont de plus en plus nombreuses à porter l'*abaya*[13] dans le lycée, et lorsqu'elles en sortent, à mettre une cagoule, un voile long, et pour certaines, parfois, des gants. À la saoudienne. Il y a vingt ans, cette tenue n'existait pas.

Désormais, nous nous y sommes habitués.

---

13. Vêtement féminin porté au-dessus des autres, traditionnel dans les pays de culture musulmane au Moyen-Orient.

2.

La pression religieuse sur l'école

C'est également avec l'éducation que nous décidons si nous aimons assez nos enfants pour ne pas les rejeter de notre monde, ni les abandonner à eux-mêmes, ni leur enlever leur chance d'entreprendre quelque chose de neuf, quelque chose que nous n'avions pas prévu, mais les préparer d'avance à la tâche de renouveler un monde commun.

Hannah Arendt[14]

14. *La Crise de l'éducation* [1961], trad. Chantal Vezin, dans *La Crise de la culture. Huit exercices de pensée politique*, Paris, Gallimard, 1972.

Montaigne, Rabelais et les autres…

Je suis heureux, car demain, je vais donner un cours que j'aime, sur Montaigne. La semaine dernière, lorsque nous avons commencé, j'ai senti d'emblée que cet auteur intéressait beaucoup mes élèves de première. Ils étaient trente-quatre et l'on pouvait entendre les mouches voler… Nous avons lu l'avertissement au lecteur des *Essais*, je leur ai expliqué en quoi l'individuel contenait l'universel, en quoi Montaigne, en parlant de lui, s'adressait à tous les hommes. Nous avons ensuite enchaîné avec les premières lignes du chapitre « Des coches » : « Notre monde vient d'en découvrir un autre… » La phrase semble avoir résonné aux oreilles de quelques-uns. J'adore faire ce cours. Je leur ai projeté des supports, des cartes : celle d'Ératosthène, par exemple, et celle de Martellus, juste avant la découverte de l'Amérique. Demain, nous allons aborder à nouveau les thèmes de l'universel et du relatif. Je suis enthousiaste, car je sais que je vais avancer. Quand je me lève le matin et que j'ai un tel cours à donner, je sais pourquoi je fais ce métier, et pourquoi je l'exerce à cet endroit-là.

Montaigne, et avant lui Rabelais, sont les précurseurs d'une réflexion sur l'éducation. D'une certaine manière, je considère ces écrivains humanistes comme des ancêtres de l'école républicaine, dans laquelle j'ai choisi d'enseigner. Entendons-nous bien : je n'ai pas spécialement voulu être affecté dans un établissement dit « de relégation ». Les postes en collège et lycée sont obtenus en fonction du barème – un professeur qui demandera un rapprochement familial ou aura plus d'ancienneté, par exemple, aura davantage de points, et sera donc prioritaire pour une mutation dans une autre académie. Ils dépendent par ailleurs aussi du hasard des affectations. Mais pour moi, exercer dans un lycée public, et non dans un lycée privé qui sélectionne ses élèves, a du sens.

Pour Montaigne, éduquer, c'est former un « gentilhomme », et plus tard, au XVIIe siècle, un « honnête homme » : c'est élever l'âme humaine. Après Montaigne et Rabelais, la réflexion sur l'éducation et la pédagogie s'est poursuivie avec Rousseau et Condorcet, qui ont écrit sur le rationalisme et la liberté de conscience. À la fin du XIXe siècle, l'objectif fondamental du projet d'école républicaine, héritier de ces penseurs, est clair : permettre à des individus de devenir des sujets autonomes, leur donner des outils pour penser par eux-mêmes. L'élève n'est pas un réceptacle que l'on remplit de savoirs. Selon l'adage, bien connu, de Montaigne : « Mieux vaut une tête bien faite qu'une tête bien pleine. »

Enracinée dans l'humanisme et les Lumières, l'école en France s'est ensuite construite sous la Troisième République en réaction au poids de l'Église catholique dans la société de l'époque. Avant 1905, et la loi de séparation des Églises et de l'État, les clercs chargés de l'éducation des enfants étaient très souvent des prêtres. Sous l'impulsion de Jules Ferry, l'école publique a clairement pour but de soustraire les futurs citoyens à l'emprise de l'Église. Ce qui est indissociable du projet politique lui-même : les républicains sont pénétrés de cette idée qu'il n'y aura de république stable que pour un peuple éduqué, soustrait aux croyances. Face à une éducation qui était jusqu'alors très prosélyte cultuellement, se déroule donc un processus de sécularisation, c'est-à-dire de séparation de l'Église et de l'État, beaucoup plus fort en France que dans d'autres pays. Il fallait « neutraliser » l'Église, pour tendre vers l'autonomie de l'individu et en faire un citoyen. Au cœur de ce projet : l'école obligatoire, laïque et gratuite.

À l'origine, le but de l'éducation n'est pas de gommer les inégalités sociales, mais de construire des citoyens responsables – elle peut par ailleurs aussi corriger ces inégalités, mais ce n'est pas sa mission première. En fait, la vraie visée universaliste du système éducatif français réside là : quelle que soit la place de l'élève dans la société, il doit être en mesure d'avoir, en bénéficiant de la même éducation qu'un autre, la même possibilité de devenir un individu libre.

Pour bien comprendre cette spécificité française, on peut la comparer au système allemand, par exemple, qui est très différent. En Allemagne, seuls 40 % des élèves d'une tranche d'âge passent l'*Abitur*, l'équivalent de notre baccalauréat général, obtenu désormais en France par 97,5 % d'une classe d'âge[15]. Les jeunes sont orientés beaucoup plus tôt, dès la fin du primaire, vers l'apprentissage, et vont travailler en alternance. Le baccalauréat outre-Rhin est plus sélectif, et d'un niveau plus élevé qu'en France : je me souviens de mon correspondant allemand qui lisait Camus en français, alors que j'ânonnais péniblement quelques

15. Taux de réussite dans la voie générale en 2021. Source : Note d'information nº 22.10, ministère de l'Éducation nationale et de la Jeunesse, mars 2022 (en ligne : https://www.education.gouv.fr/resultats-definitifs-de-la-session-2021-du-baccalaureat-340697).

mots dans la langue de Goethe… Dans le système éducatif allemand, l'enfant doit grandir et développer sa personnalité, son individualité et ses propres talents.

Le but de l'école française est totalement différent ; elle a été conçue dès le début comme l'instrument d'une éducation républicaine des citoyens, et en ce sens, elle a cherché à abolir les privilèges de naissance : personne n'est exclu de l'éducation générale, l'école s'adresse à tout le monde. On voit ici en creux l'héritage de Rousseau, pour lequel la nature humaine est perfectible, c'est-à-dire capable d'évoluer, en bien ou en mal… Attention, je ne veux pas dire qu'un système est meilleur qu'un autre. Mais la perspective de départ, depuis plus d'un siècle et demi, est différente. En Allemagne, chacun est appelé à développer son propre champ de compétences, ce qui est très pragmatique. En France, est proposée à tous une éducation générale, dans le but d'élever des citoyens.

Moi qui viens d'un milieu plutôt bourgeois, où il n'y a jamais eu de problèmes matériels, mais où la littérature ne tenait pas une place centrale, je suis aussi reconnaissant envers ce système éducatif. En troisième et en seconde, j'ai eu deux professeurs de français qui sont restés gravés dans ma mémoire. Grâce à eux, j'ai découvert Francis Ponge ou Franz Kafka... Je me souviens du jour où notre professeur nous avait fait lire *Les Choses*, de Georges Perec. Je m'étais alors dit : « Il se passe un truc !... » J'étais en train de m'apercevoir qu'on pouvait jouir de la langue, qu'elle pouvait découper le monde, et qu'elle ne servait pas seulement à communiquer. Si tous ces gens n'avaient pas été là, je serais resté dans mon milieu bourgeois, et je n'aurais jamais découvert Jean Baudrillard ou Walter Benjamin... L'école m'a « décentré » de mon milieu d'origine. J'ai ensuite rencontré au cours de mes études pas mal de gens qui ne venaient pas du même milieu social que moi, dont certains de condition très modeste, et j'ai compris ce que signifiait l'expression « transfuge de classe » : elle désigne une personne qui a vécu un changement social au cours de sa vie grâce à l'école.

Ce « décentrement » s'est opéré une nouvelle fois quand j'ai commencé à enseigner dans la banlieue de Lille. D'un seul coup, je me retrouvais dans un établissement scolaire face à quatorze nationalités différentes, loin de mon milieu d'origine. Et à un moment donné, nous avons abordé Marivaux, Baudelaire, des auteurs et des œuvres au programme. C'est cela, le miracle de l'éducation :

celui de la découverte, celle qui ouvre l'esprit, qui ouvre sur l'autre. Le dramaturge Jean-Claude Carrière, par exemple, était issu d'un milieu de paysans poussés à la ville par l'exode rural. C'est à l'école qu'il a découvert la littérature, et que sa vocation est née. Il est devenu l'un des plus grands écrivains, scénaristes et réalisateurs de notre temps. Rien ne l'y prédestinait.

C'est de l'époque de mon passage dans le Nord que date ma conception de l'éducation, selon la fameuse formule de Maïakovski : « l'élitisme pour tous »[16], qu'avait reprise Jean Vilar en son temps pour définir le Théâtre national populaire[17]. Une conception très différente de ce que j'appellerais « l'élitisme mal placé », qui peut consister par exemple à inscrire ses enfants dans les meilleures classes préparatoires, hypercompétitives, pour qu'ils intègrent ensuite les meilleures écoles… C'est sans doute très bien pour eux (et encore, j'en doute), mais ce n'est pas de cela que je parle.

---

16. Vladimir Maïakovski (1893-1930) : poète russe engagé à l'époque de la révolution d'Octobre, il se fit le chantre de la diffusion de l'art. On lui prête cette formule, paradoxale : par définition, l'élitisme ne peut être pour tous, mais l'idée est justement que l'on peut amener tout le monde vers l'excellence, et ce, sans préjugé de classe.

17. Jean Vilar (1912-1971) : homme de théâtre français, il est le créateur du festival d'Avignon et le premier directeur du « nouveau TNP », à compter de 1951.

Pour illustrer cet élitisme que j'affectionne, je cite souvent comme contre-exemple cette inspectrice de l'Éducation nationale qui m'avait dit un jour au cours d'une visite : « Avec les élèves que vous avez, vous devriez faire des textes de rap ! » J'ai trouvé cette formule vraiment condescendante. Parce que mes élèves sont en grande majorité issus de l'immigration maghrébine et africaine, ils n'auraient pas droit aux *Fables* de La Fontaine ? Je veux être aussi généreux avec ces élèves que d'autres l'ont été avec moi, sinon je n'ai plus qu'à changer de métier.

Avant les vacances, justement, j'ai fait un cours en utilisant une fable de La Fontaine, qui tourne en dérision le pouvoir et les courtisans. Les élèves étaient bouche bée. Je cite Omar : « Monsieur, en fait c'est génial La Fontaine ! » Pourquoi ne pourrait-on pas étudier La Fontaine avec eux ? Je trouve cela insupportable de démagogie ; l'école est là pour faire s'échapper les jeunes de leur milieu d'origine, pas pour leur parler de ce qu'ils connaissent déjà. Le problème, c'est que cela devient de moins en moins possible.

Dans les années 1960, 15 % des élèves obtenaient le « bachot ». Le lycée était l'apanage de la bourgeoisie, il était très dur d'arriver jusque-là. Dans ce système, pourtant, des boursiers pouvaient damer le pion aux «héritiers», pour reprendre le mot de Pierre Bourdieu. Ce sociologue très connu avait été lui-même boursier, tout comme son maître, Georges Canguilhem[18], qui est devenu un penseur clé de l'épistémologie française. L'écrivain Maurice Nadeau, avec une mère femme de ménage et un père mort à Verdun, avait été admis à «Normale sup»[19]... De même, Jacques Derrida, l'un de nos plus grands philosophes, venait lui aussi d'un milieu populaire.

Aujourd'hui, les chiffres qui illustrent la panne de l'ascenseur social donnent le vertige. Si la majorité d'une classe d'âge arrive au bac, la sélection est ensuite impitoyable. Le nombre de boursiers dans les grandes écoles ne dépasse plus les 10%. Dans les plus sélectives, les deux tiers des

---

18. Georges Canguilhem (1904-1995) : résistant français, normalien, agrégé de philosophie et docteur en médecine.

19. L'École normale supérieure dite «de la rue d'Ulm», «l'ENS», ou tout simplement «Ulm», ce qui la distingue des autres écoles normales supérieures situées ailleurs en France, est l'une des institutions universitaires et de recherche les plus prestigieuses et les plus sélectives du pays.

élèves sont des enfants de CSP+[20]. Dans les 10 % d'établissements les plus prestigieux, les enfants d'ouvriers ou de personnes au chômage plafonnent à 5 % des effectifs, quand les CSP+ représentent 80 % des promotions[21].

La création du « collège unique » dans les années 1970 a constitué ce que j'appellerais un « maquillage républicain ». Contrairement aux discours qui prétendaient aplanir les différences, dans les faits, la reproduction des élites s'est largement accentuée. Résultat : il n'y a presque plus d'ascension sociale. Le système éducatif est prétendument plus égalitaire, mais il est en fait beaucoup plus verrouillé qu'avant. L'école républicaine que je viens de décrire n'existe plus. Je m'explique : je ne suis pas un adepte du « c'était mieux avant », loin de là. Mais la réalité est là : l'Éducation nationale est désormais une gigantesque gare de triage. Dans mes classes de première, par exemple, il n'y a pas

20. Catégories socioprofessionnelles supérieures : cadres, professions intellectuelles ou libérales, chefs d'entreprise.

21. Source : Cécile Bonneau, Pauline Charousset, Julien Grenet et Georgia Thebault, *Quelle démocratisation des grandes écoles depuis le milieu des années 2000 ?*, rapport de l'Institut des politiques publiques, nº 30, janvier 2021 (en ligne : https://www.ipp.eu/publication/janvier-2021-quelle-democratisation-grandes-ecoles-depuis-le-milieu-des-annees-2000/).

un seul élève qui ne soit pas d'origine immigrée. C'est un effet direct du fonctionnement du système éducatif : les meilleurs élèves sont sélectionnés par les meilleurs lycées, les autres vont dans des lycées dits « de relégation ». Ainsi, dans mon lycée, nous accueillons tous ceux dont le secteur ne veut pas. Parallèlement, lorsque j'allais en tant que parent d'élève assister à une réunion dans l'établissement parisien plutôt favorisé de mon fils, j'entendais le proviseur dire que ce lycée n'acceptait que 30 % des collégiens qui sont pourtant dans la même enceinte scolaire que le lycée… À défaut d'avoir obtenu une moyenne de 15 sur 20, ces collégiens poursuivaient leur scolarité ailleurs. Officiellement pourtant, point de sélection. Mais dans les faits, à Paris, il existe bien une éducation à deux vitesses. Depuis la rentrée de septembre 2021, le système évolue : les collèges parisiens ont été intégrés dans le système Affelnet (le logiciel qui permet aux parents d'inscrire leurs enfants au lycée après la classe de troisième) afin d'homogénéiser le niveau des lycées de la capitale, où règne un grand contraste sociologique. Le risque, désormais ? Qu'une hémorragie d'élèves issus de familles plutôt favorisées se déclenche vers les lycées privés…

Il y a quelques années, de la même manière, j'ai entendu un recteur affirmer que la fonction des lycées professionnels d'Île-de-France était, je le cite, « d'absorber la violence des cités. » Au moins, on ne peut pas lui reprocher son absence de franchise…

Conséquence directe : la plupart de mes collègues sont en souffrance, car ils ont l'impression de faire de la garderie. L'autre jour, l'un d'eux me disait carrément qu'il avait le sentiment d'être un gardien de zoo. Je ne partage évidemment pas son ressenti… J'arrive encore à exercer mon métier, même si des moments de découragement sont inévitables. Mais ne suis-je pas une exception ? Depuis le début de l'année, trois jeunes professeurs qui viennent pourtant tout juste d'obtenir leur agrégation ont démissionné dans le secteur.

Pourtant, il y a encore des moments de grâce à l'école, il se passe bien sûr de belles choses dans la classe. J'adore toujours autant enseigner, partager les connaissances, transmettre. C'est passionnant, surtout avec des jeunes qui sont en devenir. Hier encore, pendant mon cours sur Montaigne, je racontais qu'il partait toujours de sa propre expérience : du concret, de l'observation, de l'anecdote… Qu'une chute de cheval, et l'évanouissement qui s'en était suivi, avait été pour lui l'occasion d'écrire ses réflexions sur la mort. L'une de mes élèves, qui porte une *abaya*, a réagi. Pour elle, Montaigne était un « narcissique ». Cela m'a fait sourire, je lui ai parlé de la phrase de Socrate : *Connais-toi toi-même*, en expliquant combien il était important de se connaître et d'être en dialogue aussi avec soi, que c'était le fondement de la sagesse, et pourquoi ce n'était pas du narcissisme. Connaître son propre tempérament permet de mieux conduire sa vie. Cette élève m'a alors regardé, pensive, en disant : « Ah oui, c'est vrai… ! » Cette intervention montre bien que les identités ne sont pas figées une bonne fois pour toutes, et que nous sommes des semeurs. Nous ne savons pas si la réflexion germera, mais nous semons…

Ce n'est pas tout : je me réjouis aussi lorsque j'entends des collègues d'origine immigrée, ou très modeste, souvent les deux, me dire qu'ils ne seraient pas là sans l'école.

Mais à part ces quelques exceptions, le système éducatif est une structure qui ne fait plus que « gérer des flux » d'élèves. Nous sommes désormais loin des idéaux de Montaigne et de Rabelais, de l'humanisme, et des Lumières, bref des fondements de l'école républicaine…

L'école, Mahomet et Coca-Cola

Ce jour-là, le cours se déroule calmement, avec des élèves attentifs. Soudain, un chant interrompt l'une de mes phrases, comme une voix métallique : «*Allahu akbar!*» Interloqué, je demande : «Qu'est-ce que c'est que ça? — Monsieur! C'est mon appli prière!» répond l'un de mes élèves. «Eh bien l'appli prière, vous êtes prié de la mettre en mode silencieux, on est en cours!» Et l'incident se termine là.

Ce genre d'événement arrive parfois, mais l'irruption du religieux en classe n'empêche pas la plupart des élèves de jouer le jeu, malgré leurs difficultés. Beaucoup essaient de bien faire, certains apprennent les cours par cœur et tentent de les ressortir mot pour mot, ce qui n'est pas forcément intéressant, mais l'intention est louable. La plupart respectent le règlement intérieur du lycée, le fonctionnement des cours, ont une réelle envie de réussir, et l'on sent que certains parents aussi font confiance à l'école. Mais tous sont tellement désarmés… Par la pauvreté du vocabulaire, tout d'abord, un cerveau mis en bouillie par l'assaut des réseaux sociaux et de certaines émissions de télévision. Nous luttons pour obtenir un quart d'heure d'attention. « Ce que nous vendons à Coca-Cola, c'est du temps de cerveau humain disponible », disait feu Patrick Lelay, l'ancien PDG de TF1.

Nous sommes en concurrence avec des écrans qui ont produit une atomisation vertigineuse de la capacité de concentration. Les smartphones, dernière invention de la société marchande, plongent nos élèves dans le monde de la consommation et de la satisfaction immédiate. Or enseigner, c'est faire signe : créer un horizon d'attente. Et dans *attente*, il y a *attention*. Si, au bout d'un quart d'heure de cours, je n'ai pas sorti une grosse blague pour rattraper l'attention de mes élèves, je les perds, et le cours est alors terminé.

Pour lutter contre ce phénomène, la grande mode, c'est de construire des « projets ». On « pilote » des « dispositifs », les professeurs doivent « communiquer » avec les élèves, on leur demande de devenir des animateurs. Or le projet de l'école est de transmettre des connaissances, des contenus disciplinaires. Nous ne sommes pas là pour distraire les adolescents. Notre mission, c'est de les élever intellectuellement. La connaissance est libératrice. L'école est une ascèse, elle demande un effort intellectuel, ce qui n'est pas toujours facile.

Beaucoup de mes élèves n'ont pas de construction mentale claire, et sont donc très influençables. Ils sont perméables à tous les discours qui viennent de l'extérieur de l'école (ceux des réseaux sociaux, entre autres). Ils ont grand besoin d'être pris en main.

En l'espèce, l'école a trouvé un concurrent redoutable : l'islam, ou, du moins, certaines de ses déclinaisons. Comme toutes les religions, l'islam est très structurant. Le problème, c'est que sa pratique prime de plus en plus souvent sur les apprentissages, qui sont alors remis en cause par les élèves.

Cet après-midi-là, je suis sollicité par une collègue supervisant une classe dont je ne suis pas professeur pour accompagner une sortie scolaire au musée. Deux élèves arrivent devant le lycée avec un voile intégral. Or le règlement est clair : une sortie scolaire, c'est comme si on était encore au lycée, donc les élèves ne doivent pas porter de signe religieux ostentatoire. Je le leur signale. Les adolescentes refusent d'enlever leur voile, le proviseur s'en mêle et pour finir, chacun campe sur ses positions. Ces élèves restent au lycée, et nous partons sans elles. Dialogue de sourds, échec sur toute la ligne.

Mais l'hostilité des autres élèves est toujours aussi vive dans les transports en commun. D'un seul coup, je suis entouré par une dizaine d'adolescents de dix-sept ans qui me traitent de raciste en hurlant. Je ne sais plus où me mettre… « Ce que vous faites, c'est du racisme contre l'islam ! » J'ai beau tenter de leur expliquer le règlement de notre lycée, que nous devons tous respecter, rien n'y fait. Or le texte est clair : les signes religieux sont interdits chez nous, y compris pour les sorties scolaires, qui constituent une déterritorialisation de nos cours. Face à cette hostilité, il arrive parfois que personne ne rappelle les élèves à l'ordre. Aucun professeur n'a en effet envie de voir taguer sur sa porte l'inscription : *raciste*.

Certains vont même plus loin. Le lendemain de la sortie, deux enseignants me prennent à partie en salle des professeurs : « Laurent, qu'est-ce que tu as contre l'islam exactement ? Tu as fait du zèle hier ! Il ne faut pas céder à ce genre d'extrémisme qui fait le jeu de l'extrême droite ! C'est de l'islamophobie, ce que tu fais. » Je suis accablé. Pour moi, une telle accusation est insupportable à entendre.

Que la religion doive rester dans le domaine de la sphère privée, selon les valeurs de l'école républicaine dont j'ai expliqué les sources plus haut, ne vient à l'idée de personne… Pour ces collègues, empêcher des élèves de porter le voile intégral, et faire respecter le règlement intérieur sur les signes religieux, c'est agir contre les musulmans, c'est les « stigmatiser »… Je ne suis pas plus à l'aise avec ceux qui consultent des sites d'extrême droite et qui sont venus me féliciter deux jours plus tard. Eux pensent que la laïcité est une guerre à mener contre cette religion. Ce n'est pas du tout l'idéal républicain que je défends…

Voici donc concrètement comment une certaine tendance de l'islam, peu à peu, s'insère dans l'espace et dans le débat scolaires. Pour ces élèves, avec qui je n'ai pas réussi à dialoguer ce jour-là, l'autorité religieuse passe avant tout le reste, y compris l'école. Ils ne conçoivent pas qu'il en soit autrement. Les filles qui se dévoilent dans l'espace public sont vues par certains comme des prostituées.

Ce n'est même pas de la provocation. C'est un verrouillage total.

De Khaled Kelkal à Ben Laden « The King »

Dans les années 1990, lorsque j'ai commencé à enseigner dans le Nord de la France, la problématique de ces quartiers était dominée par la délinquance, les règlements de compte, la drogue, et les phénomènes de bandes. Parallèlement, en Algérie, la « décennie noire » commençait après l'annulation des élections législatives du 12 juin, remportées par le Front islamique du Salut. Une guerre civile éclata alors, qui fit deux cent mille morts. Les événements algériens atteignirent la France, avec l'attentat perpétré par le GIA, le Groupe islamique armé, dans le RER B à la station Saint-Michel, entre autres[22].

En 1995, j'organise les élections des délégués dans la classe de première dont je suis le professeur principal. Lorsque je dépouille les bulletins, j'ai la surprise de voir que la moitié d'entre eux sont des votes en faveur de Khaled Kelkal[23]. Bulletin après bulletin, je blêmis, alors que les

22. Les « attentats de 1995 » en France désignent une série d'attaques terroristes islamistes qui se sont déroulées entre juillet et octobre cette année-là, faisant huit morts et près de deux cents blessés, officiellement attribuées au GIA, basé en Algérie.

23. Terroriste algérien membre du GIA et principal responsable de la vague d'attentats commis en France pendant l'été 1995.

élèves s'esclaffent. C'est la première fois que je me demande ce qui ne tourne pas rond…

Dans ces mêmes années, les « grands frères » commencent alors à structurer les quartiers de la cité qui jouxte l'établissement pour sortir les gamins de la délinquance. Au départ, les signes religieux sont discrets. Mais progressivement, ils se développent. Je me souviens qu'à cette époque il y avait dans l'établissement un foyer des lycéens, avec son baby-foot, sa table de ping-pong… Peu à peu, seuls des élèves d'origine maghrébine ont continué de s'y rendre. Certains élèves non musulmans me confient y avoir vu des tapis de prière et ne plus y trouver leur place.

D'autres élèves, issus de l'immigration polonaise, ont surnommé alors le foyer « la mosquée ». En réaction, ils se sont mis à se chausser de « Doc » Martens avec des lacets blancs… Les premières tensions identitaires sont apparues ainsi dans le lycée. Pendant qu'à l'extérieur, dans la cité, les « grands frères » étaient remplacés par des hommes en djellaba. Le voile est encore léger.

Après le 11 septembre 2001, une nouvelle étape est franchie. Certains de mes élèves se placent clairement du côté des terroristes, Ben Laden est devenu leur héros, et je retrouve son nom inscrit au Tipp-Ex sur les tables : *Ben Laden The King*.

« Les Américains l'ont bien cherché » : ce discours, commun en classe, se retrouve aussi parfois en salle des professeurs. Certains voient même d'un bon œil cette attaque contre l'un des symboles du système capitaliste.

Les années suivantes, c'est le langage qui se modifie. Les interventions en arabe se multiplient, jusqu'à devenir un signe de reconnaissance. Nous n'entendions pas ce vocabulaire auparavant. Le communautarisme prend son essor. Tariq Ramadan est le grand référent intellectuel des élèves[24]. Entretemps, j'obtiens ma mutation en banlieue parisienne. Autour de l'établissement où je viens d'être nommé, petit à petit, les restaurants deviennent tous *halal*, même les restaurants chinois. On n'y sert plus d'alcool, la mixité s'efface. Dans l'ombre, les salafistes sont à l'œuvre…

Dans la classe, les relations entre les filles et les garçons deviennent problématiques. Je me souviens – vers 2006 – de cette lecture d'un texte de Condorcet sur l'éducation, et des réactions de mes

24. Tariq Ramadan est un islamologue suisse et le petit-fils du fondateur des Frères musulmans, Hassan el-Banna.

élèves. Certains garçons disent alors en cours que l'éducation, « ce n'est pas pour les filles ». C'est la première fois que j'entends cela, ce qui me stupéfie. Les filles de la classe, elles, se taisent…

Quelques années plus tard, un intervenant est invité pour la projection d'un film indien dans le lycée. Y est abordée la question des mariages forcés des jeunes filles dans l'état du Gujarat, à majorité musulmane. S'ensuit un débat avec la trentaine d'adolescents spectateurs. Un élève prend la parole : il n'est pas choqué par ce qu'il vient de voir, car, selon lui, « les femmes sont sur Terre pour obéir aux hommes ». La classe ne bronche pas. L'intervenant n'en revient pas…

L'école laïque en concurrence frontale avec l'islamisme

La laïcité est aujourd'hui sur toutes les lèvres. Dans le débat public, on oppose les « laïcards », forcément « islamophobes », aux « islamo-gauchistes », « complices de l'islamisme ». Les invectives fusent quotidiennement sur les réseaux sociaux ou les plateaux de télévision, sans qu'on sache toujours de quoi il est question…

L'école issue des Lumières ne s'est totalement libérée de l'emprise religieuse qu'en 1905, avec la loi de séparation des Églises et de l'État. Une loi dont l'un des pères fondateurs est Ferdinand Buisson, un protestant[25]. Ce détail a son importance…

Ferdinand Buisson est une figure historique du protestantisme français. Il fait donc partie d'une minorité religieuse qui a été persécutée en France depuis le XVIe siècle. Notre pays a été le lieu, on l'oublie trop souvent, de guerres de religion effroyables. La nuit de la Saint-Barthélemy, trois mille hommes, femmes et enfants furent massacrés dans la seule capitale française. Après la révocation de l'édit de Nantes par Louis XIV, en 1685, les « dragonnades » se succédèrent, en Lozère par exemple, où les protestants furent pourchassés et persécutés, parfois torturés. Il faut attendre 1788 pour que soit ratifié l'édit de tolérance[26]. On appelle cela la

---

25. Ferdinand Buisson (1841-1932) est un philosophe, pédagogue et homme politique français, cofondateur de la Ligue des droits de l'homme en 1898, prix Nobel de la paix 1927.

26. L'édit de Versailles, communément connu sous le nom d'« édit de tolérance », donnait aux non-catholiques de France un statut juridique et civil, incluant le droit de contracter un mariage civil sans avoir à se convertir à la religion catholique, qui demeurait la religion officielle du royaume de France.

concorde : une sorte de cessez-le-feu, qui met fin à la persécution des protestants dans notre pays.

Ferdinand Buisson est marqué par cette histoire. La paix civile, pour lui, et pour les inventeurs de la laïcité spécifique à la France, doit s'obtenir en offrant à tous un espace républicain dans lequel les religions n'ont pas leur place, et en reléguant la liberté de culte, et la liberté de conscience dans la sphère privée.

On parle souvent de « laïcité ouverte », ou de « laïcité de combat » : des expressions qui, à mon avis, n'ont pas de sens. La laïcité est en soi une ouverture, et par définition elle signe l'arrêt des combats. Elle n'est pas une hostilité envers la religion, elle n'est pas non plus une mise à égalité de tous les cultes dans l'enceinte scolaire. Elle est la permission, pour tous, de pratiquer sa propre religion à l'extérieur de l'école, en sanctuarisant l'espace scolaire hors du religieux.

Voici donc les sources de la laïcité française.

On voit très vite le point d'achoppement avec l'islam d'aujourd'hui, qui ne sépare pas le domaine privé de l'espace public. De grandes figures de l'islamologie comme Mohammed Arkoun ou Abdennour Bidar ont tenté de déconstruire cette mythification d'un islam englobant, afin de montrer qu'il n'en a pas toujours été ainsi[27]. Selon eux, le défi de l'islam du XXIe siècle sera de détacher la sphère religieuse de la sphère juridico-politique. Ils ne sont pas les seuls à faire cette analyse : quelques intellectuels du monde arabe critiquent l'instrumentalisation de l'islam à des fins politiques. Tous les travaux du chercheur Youssef Seddik[28] vont dans ce sens. Mais cette plaidoirie pour une autonomie du politique se heurte encore à de nombreuses résistances, et celles-ci, par ricochets, atteignent frontalement la société française et ses fondements laïques.

Le Coran est un très beau texte poétique de sept mille deux cents versets, dictés par Djibril, l'ange Gabriel, à Mahomet. Une parole divine, sacrée, intangible, à laquelle on adjoint aussi les hadîths, les communications orales du Prophète. Un texte très difficile à comprendre : n'importe qui ne peut

27. Mohammed Arkoun (1928-2010) fut un intellectuel algérien – historien, islamologue et philosophe – qui s'inscrivit dans la tradition des Lumières françaises. Abdennour Bidar, né en 1971, normalien, agrégé de philosophie, est un spécialiste de l'islam et des évolutions de la vie spirituelle dans le monde contemporain.

28. Youssef Seddik, né en 1943, est un philosophe, anthropologue et islamologue tunisien spécialiste de la Grèce antique et de l'anthropologie du Coran. Il est régulièrement pris pour cible par les salafistes.

pas s'improviser exégète du Coran. Il m'arrive parfois en classe d'expliquer aux élèves que certains poètes français comme Claudel ou Saint-John Perse ont, eux aussi, eu recours au verset, qui induit une parole poétique dont le sens n'est jamais transparent.

La *sunna* – que l'on peut traduire par la tradition prophétique, le cheminement ou encore la loi – codifie de nombreux aspects de la vie quotidienne du croyant, concernant aussi bien sa nourriture que son vêtement. On voit bien la difficulté à laquelle est confrontée le monde musulman : qui interprète et fixe la loi ? Or, la majorité des croyants sont d'obédience sunnite, ce qui signifie une absence de clergé, contrairement à ce qui se passe dans le monde chiite (en Iran par exemple). Si l'on veut faire une analogie, il y a dans l'Église catholique un pape qui fixe la règle ; cette religion a été réformée à travers les âges lors de conciles et de synodes successifs. Dans l'islam sunnite, il n'y a pas de clergé, ce qui rend plus difficiles les réformes et, en outre, devenir imam n'est soumis à aucun processus officiel, alors que parvenir à interpréter les textes religieux suppose une grande érudition théologique. Leur forme est souvent allégorique, et si l'on prend ces écritures au premier degré, on arrive à des contresens inévitables. Sans oublier qu'il faut, pour pouvoir les comprendre, une bonne maîtrise de l'arabe classique.

Cette situation, ancienne, devient problématique à l'heure où des courants rétrogrades, qui prônent un islam rigoriste et combatif, se répandent. Avec une lecture littérale, on peut faire dire ce que l'on veut au Coran, tant le texte lui-même est difficile à appréhender… Personne n'ira vérifier.

Je rappelle souvent à mes élèves combien la civilisation arabo-musulmane a été brillante, avec ses contributions aux mathématiques ou à l'astronomie, par le rôle qu'elle a joué dans la navigation grâce à la diffusion de l'astrolabe… On se souvient moins qu'elle a commencé à marquer le pas lors de l'invention de l'imprimerie par Johannes Gutenberg, qui va permettre à l'alphabet latin de se répandre très vite, et donc aux langues occidentales, et à travers elles à leurs cultures, de s'étendre[29]. Cette technique sera beaucoup plus difficile à mettre en œuvre avec l'écriture arabe, qui est d'abord une calligraphie très complexe à détacher en caractères

29. Gutenberg est à l'origine de l'invention, indispensable à la naissance de l'imprimerie, des caractères mobiles en plomb qui, indépendants les uns des autres, pouvaient être utilisés plusieurs fois pour composer des textes différents.

modulaires. Précisons aussi que l'imprimerie fut accueillie dans le monde arabo-musulman, où la copie de manuscrits occupait une place fondamentale, à la fois religieuse, culturelle et économique, soit avec une grande indifférence, soit avec hostilité. Il faudra attendre le début du XVIIe siècle pour qu'une première édition imprimée du Coran voie le jour, soit longtemps après les premières Bibles. Ceci explique en partie le retard pris par la civilisation arabo-musulmane sur l'Occident ; la colonisation, plus tard, accentuera cet affaiblissement. À partir de ce moment, « l'Occident est l'agent, l'Orient est un patient », comme le déplorait l'écrivain palestino-américain Edward W. Saïd dans le célèbre ouvrage qu'il consacra à l'orientalisme[30].

Aux lendemains de la seconde guerre mondiale, l'historien anglais Arnold Toynbee a montré comment l'Occident avait ébranlé le monde musulman en profondeur, qui en fut réduit à cette unique alternative : mimétisme occidental, ou repli identitaire[31]. À leur niveau, mes élèves rejouent cette

30. Edward W. Saïd, *L'Orientalisme. L'Orient créé par l'Occident* [1978], trad. Catherine Malamoud, Paris, Points, coll. « Points. Essais », 2013.

31. Arnold Toynbee (1889-1975) est un historien britannique, helléniste de formation, qui a tenté d'analyser l'histoire de l'humanité à travers la naissance, la vie et la décadence des grandes civilisations.

sorte de schizophrénie. Ils sont tiraillés entre Coca-Cola et Mahomet, entre Nike et Allah. Ces adolescents sont coincés entre ces deux pôles. D'où ces phrases en classe ou dans les couloirs, qu'on entend souvent : « Fais pas ton Français ! », « Fais pas ta Française ! », « Moi, monsieur, je suis français pour la carte vitale, c'est tout ! »

Ils ont l'impression d'être les perdants de l'histoire.

Et dans les gagnants, ils placent les juifs. J'entends parler de « *Shoah business* », de « pornographie mémorielle », des formules empruntées à Dieudonné. Je leur explique que jusque dans les années 1970, on ne parlait pas d'Auschwitz, que ce travail de mémoire a « seulement » commencé dans les années 1980 et qu'il est normal qu'on en ait beaucoup parlé ensuite. En termes psychanalytiques, on appelle cela « le retour du refoulé ». Je leur explique aussi que l'une des origines du totalitarisme selon la philosophe Hannah Arendt[32], c'est la colonisation, et que les premiers camps de concentration ont été inventés par les Britanniques

32. Hannah Arendt (1906-1975) est une philosophe d'origine allemande exilée aux États-Unis après l'arrivée de Hitler au pouvoir.

en Afrique du Sud, dans lesquels ils enfermaient les Boers et les populations autochtones.

Nos échanges sont précieux. Car face à la montée du complotisme, notre rôle, celui de l'école, est de rappeler les principes, de combattre l'obscurantisme, de donner des armes intellectuelles pour lutter contre l'intoxication et la propagande…

Mais enseigner est devenu une gageure, un défi.

3.

La contestation des savoirs

Aucune théorie, pas même la vraie, n'est à l'abri de la perversion qui la change en délire, dès qu'elle a perdu le rapport spontané avec l'objet.

Theodor W. Adorno[33]

Cours en friches

L'un de mes amis m'a appelé. Il est en arrêt maladie cette semaine. Ce week-end, il corrigeait des copies ; dans l'une d'elles, un élève détaillait comment il allait le décapiter. Il n'a pas pu retourner

33. *Prismes. Critique de la culture et société* [1955], trad. Geneviève et Rainer Rochlitz, Paris, Payot & Rivages, coll. « Petite bibliothèque Payot », 2010.

enseigner le lundi venu. De son côté, l'élève a écopé de dix jours d'exclusion.

Quand je sors de certains de mes cours, il m'arrive souvent d'être lessivé. Il est épuisant de devoir justifier pied à pied la pédagogie, l'enseignement, face à des élèves qui systématiquement contestent le contenu même de ce qu'on leur apprend.

Pourtant, je les prépare, ces cours, j'y travaille d'arrache-pied. Je les pense en amont, me demandant à chaque fois comment aborder les notions, comment les faire passer le plus intelligiblement possible. Je fuis toute provocation inutile. Un jour, j'ai donné à lire aux élèves un pamphlet de Voltaire : *De l'horrible danger de la lecture*. C'est un texte à la fois parodique et ironique, placé dans un cadre oriental, qui vise le pouvoir monarchique et l'Église catholique, en faisant semblant de critiquer l'islam pour contourner la censure de l'époque. Voltaire décale la cible pour mieux viser l'Église, sans la nommer. C'est un raisonnement par l'absurde, qui joue sur un décalage spatial comme les *Lettres persanes*, de Montesquieu, qui sont aussi au programme.

Que n'avais-je proposé ! J'ai eu beau répéter que l'islam n'était pas en cause, certains ont pris le texte au premier degré, et donc mon cours comme une attaque frontale : « Voltaire est islamophobe ! » Je leur ai dit que Voltaire était contre toutes les religions, auxquelles il opposait la raison, et qu'il nous fallait l'étudier *parce que c'était au programme*. Rien n'y a fait ! L'atmosphère fut houleuse ce jour-là en classe : « Non monsieur, je ne veux pas lire ce texte ! On ne peut pas l'étudier, c'est pas possible ! » « Si je fais lire ça à mon père », me dit une élève, « il trouvera ça inacceptable. »

Ce texte est un piège, car il prête le flanc à la polémique, sans le vouloir, concernant l'islam, et les précautions oratoires prises pour avertir que l'islam n'est pas la cible de Voltaire ont été inutiles ce jour-là. D'ailleurs, cela choque tout autant certains de mes lycéens que l'Église catholique soit critiquée. *On ne peut pas remettre en cause une religion*. Je me souviens aussi d'une fois où j'avais donné ce texte à l'oral du baccalauréat : un élève avait refusé de l'étudier. Il s'était levé et était parti. Mais dois-je le supprimer de mon enseignement pour autant ?

Voltaire, au XVIIIe siècle, était un féministe avant l'heure : il remettait en cause la place de la femme dans l'Église catholique et dans la société. Deux ans après *De l'horrible danger de la lecture*, il écrivit le *Traité sur la tolérance*.

Je n'envisage pas une seule seconde d'ouvrir en classe *La Princesse de Babylone* ou *Mahomet*. Ce serait une déclaration de guerre. Même l'étude des textes plus « légers » de Voltaire est problématique aujourd'hui pour certains élèves. Et *problématique* est un euphémisme pour ne pas dire *impossible*. Lire quelque chose qui remette leurs croyances en cause n'est pas concevable une seule seconde. Ils ne veulent rien entendre.

Évoquez ne serait-ce que l'ombre de la critique d'une religion et c'est la contestation assurée. Lorsque des notions de philosophie sont abordées, il y a de quoi s'arracher les cheveux, car systématiquement on s'entend répondre : « Monsieur, c'est votre vérité, c'est pas la nôtre ! » On a beau leur dire que cela n'est pas comparable, qu'on n'est pas dans une vérité révélée, mais qu'on essaie juste de réfléchir, de penser, nous sommes à chaque fois battus en brèche. La philosophie en elle-même pose problème, elle est mise hors course par les élèves.

En français, on aborde forcément le sujet des Lumières à un moment ou à un autre, et on ne peut pas ne pas parler de religion. Avec Diderot, on aborde l'agnosticisme, impossible de faire autrement. Les Lumières elles-mêmes sont devenues un point d'achoppement dans l'enseignement. Car c'est à ce moment de l'année qu'on enseigne la « déliaison » de l'individu par rapport à toutes les tutelles – politiques, religieuses, etc. Et cela ne passe pas.

Récemment, j'ai étudié avec une classe le frontispice de l'*Encyclopédie*, de D'Alembert et Diderot. La gravure de Charles Nicolas Cochin nous éclaire sur la volonté des encyclopédistes de redéfinir la notion de connaissance[34]. C'est un dessin composé d'allégories représentant les mathématiques, la philosophie, la géographie, la théologie… Dans l'image, tous les personnages sont féminins. Et, tout en haut, le plus important est celui de la « Vérité » dévoilée par la « Raison ». Je leur projette l'image, je commence à la décrypter, tout en conservant bien sûr une perspective critique. À la Révolution, le culte de la déesse Raison avait pour but de supprimer les superstitions, ce qui a débouché sur une autre oppression. Dans le dessin, la « Vérité » est nimbée d'une sorte d'aura, qui diffuse sa lumière sur toutes les allégories.

34. Charles Nicolas Cochin (1715-1790) fut un graveur et dessinateur français.

Une élève : « C'est pas possible monsieur de mettre la Raison tout en haut, en haut c'est Dieu ! » Ma réponse est nette : « Vous êtes en train de formuler une conviction religieuse », lui dis-je, « or nous ne sommes pas en cours pour exprimer des opinions. Nous sommes là pour apprendre à penser. »

Mais quelle impuissance ! J'ai l'impression que deux régimes herméneutiques se font face, se heurtent. J'essaie toujours de prendre le problème par un autre côté, de reformuler. Mais c'est tellement compliqué… J'ai beau leur dire que ce dessin-là, ce n'est pas mon opinion, que c'est un document qui a existé et qui révèle la pensée de certains hommes au XVIIIe siècle, que l'étudier permet de mieux comprendre l'évolution de cette pensée, qui fait partie de l'histoire de France, rien n'y fait.

Et pourtant, je ne fais pas dans la provocation ! Je marche en permanence sur des œufs, j'y vais très doucement…

Un autre jour – rien à voir avec la religion, cette fois – je réfléchis à leur proposer la lecture de *L'Amant*, de Marguerite Duras. Nous sommes en train de travailler sur la thématique du roman, je cherche des idées. On a commencé à examiner avec

La Princesse de Clèves le parcours de la rencontre amoureuse, continuer avec Duras aurait du sens. *L'Amant*, prix Goncourt 1984, est un texte accessible, facile à lire pour des élèves de dix-sept ans. Mais à la page 48, on trouve une première scène érotique. J'en parle avec un ami, professeur de français dans un autre établissement ; il m'apprend qu'une de ses collègues a étudié ce livre avec ses élèves, et que cela a provoqué des remous : certains sont allés se plaindre à la direction de son lycée… Cette fois, je passerai donc mon tour. Je leur ferai lire autre chose, c'est plus prudent… Or ce n'est quand même pas *Les 120 journées de Sodome*[35] ! Quand on sait que nos élèves ont accès depuis longtemps à des sites pornographiques, cela laisse rêveur… Mais personne n'a envie de prendre le risque de recevoir des remarques de parents d'élèves, voire des plaintes. Moi, pas plus qu'un autre. On contourne ainsi les ennuis… Un petit renoncement parmi tant d'autres… L'autocensure est ainsi : quotidienne.

35. Première grande œuvre du marquis de Sade, écrite à la prison de la Bastille en 1785.

La pornographie… Ce terme, on l'entend souvent dans le débat public quand on parle des caricatures. Samuel Paty avait « montré des dessins pornographiques », disait le père de l'élève dont on sait aujourd'hui qu'elle a menti. Or ce terme est tout de même révélateur d'un malaise. Dans l'islam, comme dans d'autres religions, dès qu'on aborde un tant soit peu la sexualité, on touche à un interdit terriblement fort. Dans les cours de SVT (sciences et vie de la Terre) par exemple, le cours sur la reproduction choque beaucoup.

Moi-même, en français, je fais très attention à chaque mot que je prononce, et à chaque texte que je propose, car de nombreuses œuvres littéraires peuvent se révéler problématiques sur ce plan-là.

Un exemple concret parmi d'autres. Il y a quelques années, j'ai projeté l'adaptation d'une pièce de théâtre à une classe de première. Dans le film, une fille embrasse une autre fille, ce que je n'avais même pas noté lors du visionnage préparatif, tant cela me semblait banal… Un garçon – très gentil au demeurant – se lève alors comme un diable sortant de sa boîte et se met à crier : « Mais monsieur, ça c'est pas légal ! » Je mets sur pause : « Ce n'est pas un problème juridique, deux femmes ont le droit de s'embrasser. » Mon élève est blême, tendu… Je sens que pour lui, c'est inconcevable. Cet incident, je ne l'avais pas vu venir : la scène ne dure que quelques secondes, elle m'avait échappé. Je trouve cela sidérant, quand on pense à tout ce à quoi ils ont accès sur leurs smartphones, et qui est bien plus *trash* !

Les cours de géographie font tout autant l'objet de contestations. En seconde, on y étudie la formation de la Terre. Normalement, les connaissances de base ont été acquises durant le primaire : le manteau, le magma, le noyau, etc. L'an dernier, un collègue s'est effondré en salle des professeurs. Il avait distribué un schéma de la Terre vue en coupe sagittale en début de cours. La moitié des élèves avaient ostensiblement déchiré la feuille… Depuis, ce collègue a demandé, et obtenu, sa mutation.

« Ça ne s'est pas passé comme ça » : voilà une phrase qui revient très souvent dans mes cours. Il y a quelques années de cela, je bouclais une séquence sur les Lumières avec un extrait (le plus simple) d'Emmanuel Kant qui dit en substance que les Lumières, c'est devenir un sujet autonome, passer de la minorité à la majorité. Il évoque dans ce texte, *Qu'est-ce que les Lumières ?*, toute la libération du préjugé, notamment en faisant référence à l'idée que c'est la Terre qui tourne autour du Soleil, et non l'inverse. C'est le passage du géocentrisme à l'héliocentrisme à la Renaissance, avec Galilée et Copernic.

Une élève m'interrompt : « Ça, monsieur, c'est pas prouvé ! — Si, Kenza, c'est prouvé, comme deux et deux font quatre, je ne peux pas faire autrement », lui dis-je, « c'est scientifique. — Oui, mais la science, on sait que parfois, il y a des trucs pas clairs… Je vous apporterai la preuve vendredi ! »

La semaine suivante, elle revient avec le Coran, dans lequel un passage – magnifique, d'ailleurs – raconte que la Terre, qui est au centre de tout, est en concurrence avec le Soleil.

Je tente une explication : « C'est très beau, très poétique, mais ce n'est pas une parole scientifique… » Elle n'est pas contente. J'essaie de passer par un autre chemin : « Vous avez un téléphone ? Bon, il fonctionne parce qu'il y a des satellites, vous le savez ? Ils tournent autour de la Terre et nous envoient des informations en permanence. Ces innovations technologiques n'auraient pas pu avoir lieu sans les découvertes scientifiques de Galilée et Copernic. Eh bien, la Terre fait la même chose autour du Soleil, elle tourne. Votre quotidien contredit ce que vous êtes en train de me dire. »

Après un un silence, j'ajoute : « Vous savez, la foi n'est pas exclusive de la raison. On peut avoir la foi, mais on peut aussi raisonner. »

La jeune fille se fâche tout rouge, prend son Coran, et le claque en disant : « De toute manière, vous aurez toujours réponse à tout ! » Et elle s'en va, furieuse... me laissant sur un profond sentiment d'échec.

Je n'ai pas su me faire comprendre. C'est parfois si dur...

« Monsieur, vous mentez ! »

Très clairement, j'ai parfois l'impression de faire face à des esprits obtus, bornés. D'être en concurrence avec une doctrine face à laquelle j'ai de plus en plus de mal à faire passer des connaissances que je qualifierais de « basiques ». J'ai tout de même encore une chance : mes élèves me perçoivent toujours comme le détenteur d'un certain savoir. Ils me disent souvent : « Monsieur, vous savez beaucoup de choses ! » Si Kenza a pris la peine de venir me voir avec le Coran, c'est que je représente encore une certaine autorité. Je suis un référent, mais qu'on aimerait bien convaincre et tordre dans l'autre sens !

Quand je dis : « Stop ! Maintenant, vous m'écoutez ! », les élèves se taisent. Ils se rendent compte que je sais des choses. Ça les déstabilise un peu. Mais, *in fine*, ils ferment le livre en disant : « Vous avez réponse à tout ! »

Que puis-je répondre à cela ? J'ai un horrible sentiment d'impuissance, comme si j'étais face à une huître qui se refermait, inéluctablement.

Dans les combats des Lumières, il y a la volonté d'autonomiser le politique par rapport au religieux, on l'a vu, et il y a aussi l'abolitionnisme. Quand j'entends aujourd'hui des gens dire que les Lumières universalistes sont racistes, cela me fait bondir. Soit ces gens sont incultes, soit ils sont de mauvaise foi.

En classe, nous étudions donc Condorcet, Voltaire, et Diderot, qui sont tous trois des critiques de l'esclavage. Nous abordons par ce biais forcément ce thème. Je leur fais lire *Candide*, comme à des générations avant eux. Et dans *Candide*, il y a ce chapitre : « Le nègre de Surinam ». En général, je fais un rapprochement avec le texte du chevalier de Jaucourt : dans l'*Encyclopédie* de D'Alembert et

Diderot, il y a une entrée qui propose une analyse de l'esclavage[36].

Lors de ce cours, je leur explique que la traite négrière a été un engrenage. Bien sûr, la traite atlantique est la plus importante, la plus spectaculaire, avec ce transfert de populations qui ont traversé l'Océan. Mais il n'aurait pas pu y avoir la traite transatlantique sans la traite arabo-musulmane, et sans la traite interafricaine. Je leur explique la spécificité économique de la traite atlantique, qui transforme l'homme en marchandise.

Au milieu du cours, une élève s'exclame : « Monsieur, vous mentez ! — Non, je ne mens pas. Ce sont des historiens qui le disent. Et pas seulement des historiens européens. Vous pouvez par exemple lire les travaux de quelqu'un comme Abdarahmane Ngaïdé, c'est un historien africain qui a étudié cela. — Je ne suis pas d'accord ! Des Noirs ne peuvent pas réduire d'autres Noirs en esclavage ! » Et là, je sens le grondement de la classe, ça s'emballe... « L'esclavage, de toute façon, c'est interdit dans l'islam ! », dit un autre

36. Louis de Jaucourt, « Traite des nègres (Commerce d'Afrique) », dans Denis Diderot et D'Alembert (dir.), *Encyclopédie, ou Dictionnaire raisonné des sciences, des arts et des métiers...*, vol. XVI, Neufchâtel, S. Faulche & Compagnie, 1765, p. 532b.

élève. Je reprends la parole : « Mais l'esclavage, même si vous n'êtes pas d'accord, a eu lieu, jusque dans la mer Rouge et jusqu'en 1932, et on pratiquait aussi l'esclavage en terre d'islam ! »

De grands historiens ont travaillé là-dessus, mais pour eux, ce n'est pas possible. Ils se voient exclusivement comme victimes, et les bourreaux, cela ne peut être que les Blancs, les Occidentaux. Que répondre à une gamine qui vous apostrophe en disant : « monsieur, vous mentez ! » ? Je précise que c'est une élève studieuse, qui ne pose aucun problème et qui suit parfaitement mes cours… Ces jeunes me considèrent certes encore comme un référent, mais à un moment donné, ma parole n'est plus crédible.

Je n'ai jamais eu peur, mais j'ai parfois un profond sentiment d'inconfort et de malaise, quand j'entends mes élèves me parler des juifs, notamment. À chaque fois que je suis confronté à ce genre de situation, je me demande comment je vais m'en sortir. Comment faire ? Qu'est-ce que je vais leur dire, à présent ? Un fort sentiment de solitude m'étreint dans ces cas-là, face à tous ces visages. Je me concentre alors au maximum, j'essaie d'être le plus précis et le plus rigoureux possible. Et depuis octobre 2020, à présent, je repense à chaque fois à Samuel Paty, qui a dû se sentir si seul…

Pour lutter contre cet isolement, j'aide mes collègues dès qu'ils me sollicitent. Comme cette professeure de français dont le cours a dérapé et qui ne sait pas comment rattraper sa classe. Pour calmer le jeu, elle me demande de venir faire une séance en co-animation.

Elle avait parlé de Primo Levi. Tollé en classe… Un élève avait alors brandi le livre de Serge Bilé, *Noirs dans les camps nazis*[37]. Serge Bilé est un journaliste antillais très érudit, et c'est un très bon livre. Mais cette enseignante s'est trouvée désarmée, parce qu'elle ne savait pas qu'il y avait eu des Noirs dans les camps de concentration.

Au début du cours, les élèves sont très agressifs. Je calme la classe en leur disant qu'il n'y a pas de tabou, et que je suis là pour répondre à absolument toutes leurs questions. Les langues se délient : « Pourquoi on parle tout le temps des juifs ? » « Pourquoi on dit pas qu'il y a eu des Noirs dans les camps ? » « Pourquoi on parle tout le temps de

37. Serge Bilé, *Noirs dans les camps nazis* [2005], Paris, Éd. du Rocher, 2016.

la Shoah ? » « Pourquoi on parle pas du colonialisme ? » « Pourquoi on parle pas de la traite des Noirs ? » « Pourquoi on parle pas de l'esclavage ? » Je note toutes les questions, puis je respire un grand coup, et j'explique.

Parfois, il y a ce qu'on appelle en histoire des angles morts. Et il y en a dans toutes les civilisations. Ce n'est pas spécifique à l'Occident. Je prends pour exemple l'Algérie et le Japon.

En Algérie, dans les années 1950, deux organisations s'affrontaient dans le Mouvement de libération nationale : il y avait le FLN, et le MNA, le mouvement messaliste[38]. Il y avait beaucoup de rivalités entre eux. Le FLN a même liquidé en métropole des militants du MNA, à Roubaix par exemple. En 2005, quand vous alliez voir les manuels d'histoire, en Algérie, il n'y était absolument rien écrit sur ces phénomènes. Des mécanismes de refoulement, il y en a eu aussi là-bas.

Autre exemple : le Japon. Après l'invasion de la Chine en 1937 des massacres ont eu lieu à Nankin, une semaine durant. Viols, torture… : des Chinois, cent quatre-vingt-dix mille environ, furent massacrés

38. Mouvement national algérien : parti créé par Messali Hadj et qui a mené une violente lutte d'influence avec le FLN dans les années 1950 pendant la guerre d'indépendance.

par les Japonais. Or les manuels d'histoire au Japon offrent encore aujourd'hui un traitement très édulcoré de la question, parlant des « événements » de Nankin, évacuant totalement les exactions commises.

Il y a des angles morts dans toutes les civilisations. Ce n'est pas spécifique à l'Occident. Il faut être très clair quand on explique cela.

Les élèves écoutent, attentifs.

Je leur parle aussi de Vichy, « un passé qui ne passe pas », pour reprendre le titre du livre d'Éric Conan et Henry Rousso[39]. Pendant des années, Vichy n'a pas été évoqué en France. Nous avons nous aussi été dans le déni, le refoulement. Dans les années 1980, les Français se sont aperçu que leur histoire n'était pas seulement celle qui avait été glorifiée après la guerre, mais qu'ils ont eu Papon, qu'ils ont eu Touvier, qu'ils ont eu Bousquet… Je leur dis que quand j'étais enfant, Maurice Papon était ministre de Giscard, et que ce type a fait jeter des Arabes à la Seine en 1961, après avoir fait déporter des juifs dans les années 1940. Il n'était pas spécifiquement centré sur les

39. Éric Conan et Henry Rousso, *Vichy, un passé qui ne passe pas* [1994], nouv. éd. mise à jour, [Paris], Pluriel, 2016.

juifs… Ainsi, il y a eu des victimes dans toutes les sociétés, dans toutes les civilisations…

J'essaie ainsi de décaler en permanence la perspective. Ce jour-là, il s'est vraiment passé quelque chose. Et pour moi, c'est un grand bonheur, qui fait que je continue à me retrousser les manches. Je ne renoncerai pas.

Mais d'autres abandonnent et je peux les comprendre. Ils partent, ils évitent la confrontation, ils développent des stratégies de contournement. C'est tellement difficile…

En biologie, étudier l'évolution avec des élèves de première est problématique. Des collègues de SVT me demandent d'aborder le sujet dans mes cours quand ils en arrivent à ce chapitre, pour leur faciliter la tâche. Je suis effaré de voir que le cerveau des élèves est en *bubble-gum* sur ces questions-là. La base, c'est qu'on leur a dit que l'homme descendait du singe et c'est inacceptable. Pour eux, il y a une césure ontologique entre l'homme et l'animal. On ne peut pas dire qu'il y a une part animale dans l'homme, sous peine de voir dégénérer le cours. C'est quelque chose qu'ils ne peuvent pas entendre. Je leur explique que l'homme ne descend pas du singe, mais qu'il y a un lien de parenté, que nous avons un ancêtre commun. Effectivement, on ne peut pas dire que l'homme est un animal, il y a eu un processus d'hominisation qui a pris sept millions d'années.

Mais quand nous arrivons à ce stade du cours, ça tique : « Monsieur, qu'est-ce que vous en savez ? – C'est de la science ! » réponds-je invariablement. Quand ils ont découvert le squelette de Lucy en Éthiopie en 1974, celui de Toumaï en Mauritanie en 2002, les paléoanthropologues ont utilisé une méthode qui s'appelle la datation au carbone 14, qui permet de dater les découvertes. C'est de la science. C'est comme deux et deux font quatre. Tant que nous n'aurons pas trouvé un squelette plus ancien, Toumaï demeurera le doyen de l'humanité…

Je leur dis toujours que la rationalité n'exclut pas la foi. Que dans la civilisation arabo-musulmane il y a eu de grands scientifiques : des astrophysiciens, des mathématiciens…

Mais cela bloque, je les perds…

Pour un cours comme celui-ci, on a intérêt à être parfaitement au point. Car le moindre savoir est contesté. Il est impossible de se lancer dans un débat scientifique ou historique avec mes élèves sans un corpus de connaissances solide. Il faut avoir les idées claires, car certains ont pour but évident de nous déstabiliser, et cherchent immanquablement la faille…

Y compris sur des questions qui n'ont rien à voir avec les cours.

Celle du voile, par exemple. Combien de fois j'entends : « Le voile, c'est écrit dans le Coran. » J'ai lu le Coran, car aujourd'hui c'est absolument nécessaire pour pouvoir enseigner dans ce genre de classes. Je peux donc les contredire, et quand je l'ai fait – deux fois en trente ans de carrière – j'ai bien eu conscience que c'était une entorse à la laïcité. Nous ne sommes pas là pour faire de l'exégèse avec les élèves, mais ces deux fois, la situation, très tendue, l'exigeait. Dans une sourate du Coran, il est effectivement écrit que les femmes ont interdiction d'aguicher les hommes avec leurs appâts, et donc qu'elles doivent conserver une attitude pudique, mais les hommes sont aussi concernés. La sourate s'adresse aux deux sexes. Elle est très claire.

Mon collègue de physique a démissionné l'an dernier. Il n'en pouvait plus. Pourtant, c'est un excellent professionnel, doublé d'un vulgarisateur hors pair. Cette démission est triste à pleurer… Il s'était heurté sur certaines parties du programme à un obscurantisme hallucinant. Un élève lui avait demandé où allait le Soleil la nuit…

Outre qu'ils présentent un déficit de connaissances fondamentales qui devraient pourtant être acquises depuis longtemps, certains élèves sont carrément complotistes. Comment un jeune peut-il venir nous dire que la Terre est creuse, et qu'en fait cela a été découvert par les nazis, qu'ils ont construit une base dans le pôle Sud, et que finalement comme ils ont vu que les juifs et les Illuminatis dirigeaient le monde, c'est pour cela qu'on a voulu éliminer Hitler ? Il y croyait dur comme fer… Que voulez-vous répondre à ça ?

Conséquence : lorsque l'on persiste à enseigner certains chapitres du programme, cela peut aller jusqu'à des heurts. Quand on braque une classe, cela peut vite devenir l'enfer. Il va falloir la gérer toute l'année, et s'il y a une hostilité active de la part de quelques-uns, on peut y aller avec des pieds de plomb. Il faut ensuite tenir, et c'est épuisant… Je suis donc sur mes gardes en permanence. J'essaie d'être aussi nuancé, précis, et rigoureux que possible dans l'expression de ma pensée. Je pèse chaque mot et, évidemment, je m'autocensure un peu. Il y a des mots que je ne prononce plus. Je ne parle même pas d'« Écrasons l'infâme », la fameuse formule par laquelle Voltaire concluait chacune de ses lettres pour défier l'Église catholique, ou de cette expression : « l'hostilité des Lumières envers la religion ». Non, les mots *racisme*, *liberté*, *religion*, *Darwin*, *reproduction*, *athéisme*, et bien évidemment *Shoah* ne font plus partie de mon vocabulaire en classe. Alors les « libres penseurs qui font profession d'athéisme », c'est « même pas en rêve ! », comme dirait mon fils.

Pour le reste, j'euphémise. Je suis obligé de trouver des biais cognitifs pour faire passer des savoirs en contrebande. Comme ce jour où nous étudions la tragédie antique, avec Eschyle, qui raconte la malédiction de l'homme écrasé par son destin. « *Incha'Allah*, quoi ! », me dit un élève. « *Mektoub*, plutôt ! C'est écrit », lui réponds-je en souriant. Il ne connaissait pas l'expression.

Nous continuons avec Sophocle, qui oppose au destin la volonté humaine. Quatre ou cinq élèves protestent : « Non, c'est pas possible ! On choisit pas ! »

Des professeurs perdus

Une phrase revient souvent en salle des professeurs : « N'allume pas la mèche ! »

Selon une étude Ifop, 40 % des enseignants déclarent s'autocensurer en classe par peur des « accidents ». Dans les ZEP, plus de la moitié des professeurs déclarent s'autocensurer par crainte de l'islamisme. 53 % des enseignants du second degré dans le public ont déjà eu à faire face à un conflit en lien avec la religion[40]. Or, un professeur a non pas le droit, mais ce que j'appellerais le *devoir* d'expression, c'est-à-dire qu'il a l'obligation d'étudier avec ses élèves l'intégralité du programme scolaire. Mais, parce qu'on craint (ou qu'on a eu) des incidents en classe, on veut éviter de créer des problèmes avec les lycéens…

Cela va même plus loin. J'entends en salle des professeurs certains me dire qu'il faut les comprendre, que leur vie n'est pas facile, qu'ils subissent le racisme au quotidien. Cela a le don de m'énerver. C'est évidemment le cas, mais après il

---

40. Source : sondage Ifop pour *Charlie Hebdo* et la Fondation Jean-Jaurès, publié le 1er septembre 2020.

y a la connaissance, il y a l'école, il y a des choses qu'on doit transmettre.

Du côté des professeurs aussi, il y a beaucoup de clichés et de poncifs. La partie scientifique du programme ne leur pose pas trop de problèmes. Mais du côté des sciences humaines, de la philosophie, ou de l'histoire… Même quelques enseignants déplorent le fait que certains sujets, « on en parle tout le temps sur Arte, sur France Culture, c'est insupportable ! »

Pour eux, cette surexposition médiatique de certaines thématiques provoque les élèves, et il est normal que ceux-ci contestent les cours. Il faut, disent-ils, « remettre les choses dans leur contexte, le racisme existe, il y a les territoires occupés… » Je me demande ce que cela vient faire dans le débat : nos élèves ne sont pas palestiniens !

« Laurent, tu ne peux pas imposer Voltaire comme ça aux élèves, *ex abrupto* ! », m'a-t-on dit une fois. Or je suis très loin d'imposer brutalement un savoir à mes élèves. Je suis toujours d'une grande précaution méthodologique. Mes cours sont cadrés. Mais certains de mes collègues me reprochent de ne pas prendre en compte le vécu des élèves… Comme si je n'avais aucune considération pour eux !

Depuis deux ans, le militantisme indigéniste est arrivé dans le lycée. Une enseignante, blanche, confie, à l'issue d'un examen sur table, ses copies à corriger à l'une de ses collègues, noire. Celle-ci accepte, en prononçant toutefois ces paroles surréalistes : « OK, on échange des copies, mais je ne te parle plus, parce que tu n'es pas racisée. À partir de maintenant, nos relations sont uniquement professionnelles. » Et ce militantisme très agressif commence à s'étendre, notamment via le syndicat Sud-éducation. Ces professeurs sont de plus en plus influencés par le Parti des indigènes de la République (PIR) d'Houria Bouteldja, qui a entre autres écrit en 2018 un ouvrage dont le titre, *Les Blancs, les juifs et nous*, me fait bondir[41]. Ses adeptes, quoique pour l'instant minoritaires, se multiplient en salle des professeurs.

L'une de mes collègues, agrégée de sciences sociales, me dit souvent que je la déroute, qu'elle ne sait pas sur quel pied danser avec moi. Elle reconnaît que j'ai une culture conséquente dans son domaine, ce qu'elle respecte, mais, dit-elle,

41. Houria Bouteldja, *Les Blancs, les juifs et nous. Vers une politique de l'amour révolutionnaire*, Paris, La Fabrique, 2016.

«je n'arrive pas à te situer sur le plan politique». Je lui dis simplement que mon parti est celui de la réflexion. Elle a catalogué quelques collègues comme «fachos», et ça la gêne, parce qu'elle n'arrive pas à me mettre dans cette case.

«Tu réfléchis», me dit-elle, «mais il y a certaines choses que tu ne vois pas. — Quoi donc? — Tu ne vois pas le racisme systémique, par exemple. Quand tu vas dans la rue et que tu regardes les livreurs, ils sont tous noirs. C'est un phénomène que tu ne peux pas ignorer. — Certes, c'est une observation implacable. Mais si tu te déplaces dans le Médoc, par exemple, dans les vignes, le prolétariat qui y travaille, eh bien, ils sont tous blancs… Je raisonne moi en termes de classes sociales, et non en termes de race. Ce n'est pas un problème de couleur de peau, c'est un problème de rapports de production. — Tu es un marxiste à l'ancienne! — Mais non! C'est basique, les rapports de production! Pour moi, un banquier noir, c'est d'abord un banquier…»

Cette collègue a réussi à m'identifier comme étant de gauche, mais elle est obtuse, comme mes élèves. Je ne rentre dans aucune de ses cases, je suis un OVNI.

Ces gens-là ressemblent aux maoïstes d'hier. Alain Badiou, Philippe Sollers étaient à Saint-Germain-des-Prés, et ce que faisaient Ling Piao et les gardes rouges se passait à des milliers de kilomètres. Ils parlaient *in abstracto*, sans savoir exactement de quoi il en retournait, contrairement à Simon Leys, par exemple[42].

Mais aujourd'hui, il s'agit de notre quotidien : il suffit de franchir le périphérique et d'observer ! Et pourtant, rien ne peut les faire bouger. Ils ont une position dogmatique. Les élèves, pour eux, sont des victimes du racisme systémique d'État. Que les choses soient ici bien claires : je sais que le racisme existe, et je suis le premier à le combattre. Lorsque par exemple l'un de mes élèves, en stage, est cantonné à la machine à café à cause de la couleur de sa peau, alors qu'il devrait faire tous les postes, je n'hésite pas une seconde à me déplacer pour aller sermonner le patron. Je ne laisse pas passer.

Mais en salle des professeurs, je suis face à un mur. Ces gens sont en pleine dissonance cognitive. Ils savent confusément que quelque chose cloche dans leur raisonnement, mais ils préfèrent mettre ce qui les gêne sous le tapis pour ne pas avoir à

42. Simon Leys (1935-2014) est un écrivain et sinologue belge.

changer de logiciel. Ils ne se demandent pas une seule seconde si, après tout, ils ne pourraient pas faire évoluer leur point de vue. « Se décentrer », encore une fois, pour mieux appréhender cette réalité qui me saute aux yeux. Il faut réapprendre à monter sur la table, comme le faisait le professeur Keating incarné par Robin Williams dans le film *Le Cercle des poètes disparus*.

On en est si loin… En poésie, quelques collègues professeurs de français n'étudient désormais que la négritude, ce courant littéraire et politique créé durant l'entre-deux-guerres, rassemblant des écrivains francophones noirs comme Aimé Césaire ou Léopold Sédar Senghor. J'aime ces deux écrivains – est-il besoin de le préciser ? Et dans la même veine, plus proche de nous, j'admire aussi beaucoup Édouard Glissant. Ce sont des auteurs que j'apprécie, mais ces collègues les enrôlent dans la seule perspective militante, or j'insiste : enseigner, ce n'est pas militer. Ce n'est pas rigoureux de procéder ainsi, et je trouve cela fort démagogique, personnellement.

Ces professeurs caressent les élèves « dans le sens du poil », les victimisent ; ils ne font pas leur travail. Ils le dénaturent. Le *job*, c'est de transmettre du « dur », de partager la connaissance.

Je passe mon temps libre à m'autoformer, et je suis toujours ébloui par certaines découvertes ou redécouvertes. J'adapte ma pédagogie en permanence, car les élèves ont envie d'apprendre. Quand on travaille comme ces professeurs-là, on ne fait que les conforter dans leur position de victime et dans leurs préjugés. Ce n'est pas un service à leur rendre.

Beaucoup de professeurs ont indéniablement besoin d'une formation plus solide. Quand les élèves posent des questions sur l'islam, la plupart sont perdus. Personne ne sait ce qu'est un hâdith. Nous manquons tous d'un enseignement sur le fait religieux et concomitamment sur l'histoire de la laïcité.

Sur cette question, on est en présence de deux discours complices et symétriques, qui se font face. D'un côté, la laïcité instrumentalisée par l'extrême droite : ces gens qui, par exemple, organisent « des apéros saucisson-pinard dans les quartiers où il y a des bougnoules ». C'est de ce niveau-là… Et en face, il y a des gens comme Étienne Balibar, par exemple, normalien, agrégé de philosophie, élève d'Althusser, qui écrit noir sur blanc que la laïcité « identitaire » vise à construire « un communautarisme d'État ». Ensuite, cette parole est relayée par d'autres intellectuels qui combattent la laïcité en disant qu'elle est d'extrême droite. Entre les deux, c'est le désert des Tartares…

Les hussards noirs de la République, dont je me réclame, ont disparu. Plus personne ne veut faire ce métier, en conséquence de quoi nous recrutons des professeurs sous-qualifiés, qui sont tout sauf des hussards. Et, parmi ces professeurs, une minorité est très agissante et confond militantisme et enseignement. Ils ont été formés dans des UFR de sciences humaines, à présent gangrenés, et je pèse mes mots, par l'enseignement « genré, intersectionnel et racisé ». Bref, un nouveau maoïsme. Ce n'est plus de la connaissance qu'ils ont eux-mêmes reçue, alors que peuvent-ils bien transmettre ?

4.

Une atmosphère identitaire

> *Je suis un homme; je considère que rien de ce qui est humain ne m'est étranger.*
>
> Térence[43]

L'ethnicité à toutes les sauces

Cette semaine, j'ai appris l'existence d'un concept que je ne connaissais pas encore : le « colorisme ». Nous voulions entraîner nos élèves aux épreuves orales du baccalauréat. Nous leur avons proposé de travailler sur un sujet de société de leur choix. Ce ne sont pas les thématiques qui

43. Térence, *Heautontimoroumenos* [environ 163 av. J.-C.], trad. Désiré Nisard, éd. (mise à jour) Marie-Dominique Porée, Paris, Flammarion, 2014.

manquent, mais celles retenues par les adolescents allaient dans une seule direction : les problématiques ethniques. Les exposés des élèves ont massivement porté sur les discriminations, les violences policières, et aussi, donc, le colorisme. Un nouveau concept qui se répand depuis quelques temps, et qui consiste à comparer les degrés de métissage et les différentes teintes de peau, de la moins foncée à la plus foncée. Cela passionne les élèves, dont l'intérêt se porte désormais de plus en plus sur des questions identitaires.

Je donne parfois des cours de culture générale à des étudiants de BTS. En seconde année, c'est un enseignement qui se fait par thème. Dernièrement, par exemple, nous avons travaillé sur la musique. J'ai donc préparé des textes de Michel Serres, de Pascal Quignard, et d'autres supports, utilisant même la paléoanthropologie. Je leur ai expliqué que la musique existait avant le langage, qu'elle remontait aux âges les plus anciens, qu'elle était universelle. Je ne fais jamais de cours magistral, j'essaie toujours de construire les notions par induction, en interaction avec les élèves.

Je leur demande ce jour-là de me donner des exemples de musiques populaires. Des noms de rappeurs fusent. Et là, surprise, un étudiant fustige

Eminem, ce « Blanc qui joue de la musique de Noirs » : « Il a pas le droit de faire du rap ! » Je lui explique : Eminem a grandi dans une caravane, dans une famille américaine très pauvre, alors du rap, il en écoutait, il a même baigné dedans, et aujourd'hui il en crée. C'est difficile à entendre. Pour nombre de mes élèves, les pauvres sont forcément des Noirs aux États-Unis, et les Blancs ne peuvent pas l'être… Le rap, musique des opprimés, est donc forcément une musique de Noirs.

En fait, ces étudiants sont imprégnés du débat sur l'« appropriation culturelle ». Celui qui accuse, par exemple, les Rolling Stones de racisme, car ils auraient pillé la musique noire américaine. Rien de nouveau à ce stade, je lisais déjà cela dans les magazines de musique *Best* et *Rock and Folk* dans les années 1980. Il est vrai que les Stones ont littéralement « pillé » le blues du delta du Mississippi, pour l'acclimater à la pop anglaise. On peut comprendre que des jeunes de dix-neuf ans, dans les années 1960, qui sortent de la seconde guerre mondiale, période pendant laquelle l'Angleterre a été meurtrie par le *Blitz* allemand, aient envie de s'ouvrir à d'autres cultures. Et, aujourd'hui, on en déduit que ces jeunes-là étaient racistes. Or quand on examine ce qui s'est réellement passé, comment peut-on dire que les Rolling Stones étaient racistes ? C'est un contresens total : à la fin des années 1960, en pleines émeutes raciales aux États-Unis, ils mettaient systématiquement en avant des musiciens noirs dans leurs premières parties – entre autres, Chuck Berry, B.B. King, Ike et Tina Turner –, ce qui était un acte politique fort pour soutenir les combats antiségrégationnistes. Ils adoraient la musique noire américaine, et aujourd'hui, on les qualifie de racistes, parce qu'ils s'en seraient servi et qu'ils auraient fait de l'appropriation culturelle ? On peut dire beaucoup de choses sur les Stones, mais on ne peut pas dire que Keith Richards soit raciste, bien au contraire. J'essaie ainsi de montrer aux étudiants que la musique est d'abord une histoire de rencontres, d'échanges, de brassages avant d'être une histoire de couleur de peau.

Je prends mon exemple : je suis un grand amateur de jazz, et pourtant, je suis blanc. Mines sceptiques. Certains chercheurs « indigénistes » affirment que le jazz est une musique que se sont appropriée les Blancs de manière raciale, car c'est une musique qui vient des minorités. Le jazz est né à La Nouvelle-Orléans, pour faire danser dans les bouges, les cabarets, les bordels… Dans les années

1960, il sort du ghetto. Lorsque Miles Davis ou Archie Shepp remplissent les salles de spectacle new-yorkaises, le public devient plus bourgeois. Alors oui, il y a eu une appropriation culturelle d'une musique jouée par des Noirs et écoutée par des Blancs. Est-on pour autant raciste quand on est blanc et que l'on écoute du jazz ?

Dans la même veine, je leur explique que pour l'enregistrement de l'album *Kind of Blue*, Miles Davis avait choisi un pianiste blanc, Bill Evans, « pour que le piano sonne comme du Debussy », et pour sortir des accords du blues. Dans ce sens-là, est-ce aussi de l'appropriation culturelle ?

Pour mes élèves, les Noirs doivent écouter du rap, et les Blancs du classique ou du rock. Alors quand je leur dis que j'aime Stevie Wonder, Marvin Gaye ou encore Kendrick Lamar, cela les surprend. Ils ont du mal à comprendre.

J'ai l'impression qu'ils se sont « autoghettoïsés », y compris dans leurs goûts musicaux, et, pour moi, c'est le signe d'une crispation identitaire très forte. Nous terminons le cours en écoutant une mélodie : je leur diffuse le son d'une flûte fabriquée avec un os d'ours, réplique du plus ancien instrument de musique de l'humanité recensé à ce jour, puisque l'on estime qu'elle a été confectionnée il y a quarante mille ans. Les élèves reconnaissent que la musique n'a pas grand-chose à voir avec la couleur de peau, qu'il s'agit d'abord d'émotion, de partage. Encore une fois, quelque chose se passe. Je suis heureux d'avoir semé une graine d'ouverture.

Il n'y a pas que l'art qui est vu à travers le prisme racial : même les soldes sont ramenés à l'identité ! Un jour, j'ai la surprise de voir l'un de mes élèves brandir son téléphone où je distingue une gravure datant du XIXe siècle, représentant un marché aux esclaves, avec le titre : *Black Friday*.

Après vérification, cette capture d'écran était un «*fake*», un montage. Je fais une recherche et reviens sur cet épisode au début du cours suivant : l'expression «*Black Friday*», leur dis-je, vient des années 1960 aux États-Unis, car cette journée de rabais dans les magasins provoquait des embouteillages monstres sur les routes. L'élève qui avait montré le photomontage me fait alors une réponse imparable : «Monsieur, c'est votre opinion ! »

Cette anecdote est représentative des débats identitaires qui polluent mes classes, et de tout ce qu'on entend dans les couloirs de mon lycée. La couleur de peau et l'origine ethnique sont devenues l'*alpha* et l'*oméga* de l'interprétation du monde par certains élèves. Il y a un clair resserrement identitaire qui brouille l'apprentissage.

Lorsque l'on aborde des notions d'histoire, c'est systématique. Après un cours, un élève s'approche de moi et me pose cette question : « Monsieur, pourquoi à la fin de la seconde guerre mondiale les tirailleurs sénégalais ont été massacrés alors que les soldats blancs ont été payés et reconnus ? » Il m'explique que l'armée a « blanchi » son corps pendant la Libération, ce qui prouve que l'État français est raciste. Il me parle du film *Indigènes* avec Jamel Debbouze, qui se déroule pendant la campagne d'Italie. J'ai entendu parler de cette histoire, mais je n'en sais pas plus, je lui indique donc que je vais me renseigner. Je pense qu'il y a peut-être un problème dans ce qu'il dit, car la souveraineté française en 1944-1945 prête à débat.

Je fais des recherches, je vais lire des articles émanant d'historiens reconnus et sérieux, et je comprends qu'analyser ces événements est plus complexe qu'il n'y paraît à première vue. La France n'était pas un État souverain en 1944, et ce « blanchiment », qui a existé, correspond à un alignement de l'armée française sur l'armée américaine (qui était pour le coup, elle, complètement « ségréguée ») pendant la campagne de Libération.

Lors du défilé du 14 juillet 1945, la France avait retrouvé sa souveraineté, et les troupes de l'empire colonial avaient défilé sur les Champs-Élysées, fêtées chaleureusement par la foule, comme les autres.

La semaine suivante, j'explique à cet élève qu'il me paraît un peu hâtif de faire de cet épisode un « bloc ». Il y a eu un avant et un après, une césure. Je lui précise que cet épisode illustre la complexité de cette période. Il ne faut pas néanmoins nier la domination coloniale française. En 1944, en effet, à Thiaroye, une répression sanglante a eu lieu, trente-cinq soldats africains qui se battaient pour la France ont été massacrés. Le président François Hollande a d'ailleurs prononcé à Dakar, en 2012, un discours à ce sujet, reconnaissant le racisme institutionnel de la France en 1944[44]. En 1944… mais pas en 2021. Mon élève avait vu ce terme, *blanchiment*, sur Facebook, et cela avait tourné dans sa tête… Il est indispensable que l'histoire coloniale française soit connue et enseignée, mais elle est aujourd'hui, parfois, instrumentalisée par

44. Déclaration de M. François Hollande, président de la République, sur les relations entre la France et l'Afrique, à Dakar, le 12 octobre 2012 (en ligne : https://www.vie-publique.fr/discours/186104-declaration-de-m-francois-hollande-president-de-la-republique-sur-les).

certains pour prouver un racisme institutionnel *contemporain*. C'est là que le bât blesse.

Outre la question, sensible, de l'identité, les enjeux mémoriels sont prégnants. Car, désormais, les questions qui sont posées en classe reflètent les débats de société. Et l'histoire mémorielle tend à se substituer à l'histoire tout court. Or il est nécessaire de rétablir une certaine rigueur historique pour nuancer ces débats.

Le sens de l'histoire

L'Éducation nationale fait face à des difficultés de recrutement et à une baisse de compétences générale dans les matières scientifiques, touchant les professeurs aussi bien que les élèves. En mathématiques, tout particulièrement, de plus en plus de postes demeurent non attribués à l'issue des concours, faute d'un nombre suffisant de candidats. En 2020, 1 165 postes ont été ouverts au Capes externe. 12 % d'entre eux n'ont pas été pourvus[45].

45. Source : Commission des finances du Sénat, *Réagir face à la chute du niveau en mathématiques : pour une revalorisation du métier d'enseignant*, rapport d'information nº 691 présenté par Gérard Longuet, 16 juin 2021 (en ligne : https://www.senat.fr/notice-rapport/2020/r20-691-notice.html).

Conséquence : quels que soient les classements, le niveau des élèves ne cesse de chuter[46]. Les matières littéraires connaissent moins de difficultés de recrutement. Les professeurs d'histoire, en particulier, ont suivi un cursus souvent exigeant, ils sont triés sur le volet parmi des candidats nombreux, et ils ont en très grande majorité une bonne maîtrise de leur domaine et de la pédagogie. Les manuels non plus ne sont pas à remettre en cause. Ils sont très bien écrits, de manière didactique, comportent une magnifique iconographie, et abordent tous les aspects de cette discipline. L'histoire, à mon sens, est la plupart du temps bien enseignée, là n'est pas la question. Cela n'empêche malheureusement pas le niveau des élèves de baisser.

En fait, le problème ne réside pas dans la façon d'enseigner l'histoire-géographie, mais dans la quantité d'enseignement de toutes les matières. Ainsi, les contenus disciplinaires prévus par les

---

46. En 2019, l'enquête internationale TIMSS (*Trends in International Mathematics and Science Study*, menée sous l'égide d'institutions publiques de plus de soixante pays) classait par exemple les élèves français derniers de l'Union et avant-derniers des pays de l'OCDE, juste devant le Chili. Conséquence : les collégiens français scolarisés en quatrième en 2019 ont, en mathématiques, le niveau des élèves de cinquième de 1995. En vingt-cinq ans, la France a perdu une classe au regard du niveau.

programmes ont fondu de manière spectaculaire d'année en année. Les réformes se sont empilées, avec des dispositifs « gadgets » (comme par exemple dans les années 2000 les « travaux personnels encadrés »[47]), et ce au détriment de la transmission des savoirs. À chaque fois, ces projets sont mis en place à moyens constants : ils remplacent donc des cours magistraux qui délivrent des connaissances pourtant précieuses. Il y a là pour moi une dénaturation de la mission même de l'enseignement. Parallèlement, les heures de cours ont fondu au fil des ans. Si je prends l'exemple de ma matière, entre 1975 et 2015, le nombre d'heures que les élèves de primaire et les collégiens passent à étudier le français a largement diminué. Un collectif de professeurs de lettres a réalisé une étude dont les résultats sont éloquents : en 2015, primaire et collège confondus, entre cinq cent vingt-deux et six cent douze heures de cours ont disparu. Au mieux, donc, un élève a perdu en quatre décennies deux années de formation

47. Créés en 2000, les travaux personnels encadrés (TPE) ont été abandonnés en 2020. Ils consistaient en une alternative aux cours magistraux, pour inciter les élèves à faire de la recherche par eux-mêmes. Faute de moyens supplémentaires, l'encadrement de ces travaux était mené pendant les heures de cours.

en français. Lorsqu'il arrive en seconde, il a suivi, sauf aide familiale, autant d'heures d'enseignement qu'un élève arrivant en quatrième en 1975. Résultat : les savoirs fondamentaux ne sont pas acquis lorsque l'élève entre au lycée.

Tout cela a des conséquences funestes : les lacunes sont profondes. L'an dernier, par exemple, une élève m'a affirmé que les dinosaures n'avaient pas pu exister, car dans le cas contraire, ils auraient forcément dévoré les hommes, et ceux-ci ne seraient plus là…

Les principaux repères historiques ne sont pas acquis. Les échelles de temps sont complètement brouillées, et tout est analysé au prisme du présent.

Lorsque je donne un cours sur Molière, par exemple, je ne peux faire autrement que de citer Louis XIV et l'absolutisme. Ces jeunes découvrent avec moi les privilèges royaux, et pensent que la monarchie absolue était un régime « totalitaire » (quand ils connaissent le terme). Or le totalitarisme est un concept né au XXe siècle. Leurs esprits sont dans une confusion extrême.

Ainsi, l'histoire est vue à travers le prisme du « présentisme » et de l'identitarisme, et cela ne vient pas de nulle part : partout dans les médias, sur internet, interviennent des personnalités qui ont un rapport purement idéologique à l'histoire. Éric Zemmour, par exemple, ou même Michel Onfray, depuis peu. Des petites phrases et des *clashs* relayés sur les réseaux sociaux, qui font « bouillir la marmite » identitaire dans l'établissement, que ce soit en adhésion ou en réaction. Car en face, à gauche, ce rapport instrumental à l'histoire devient prégnant dans le discours.

Pour moi, il s'agit d'un militantisme qui intoxique de plus en plus une frange d'élèves face à laquelle nous avons le plus grand mal à enseigner.

Rien n'est éludé dans les manuels d'histoire. Toutes les questions y sont abordées de manière frontale, y compris quand elles font partie d'un passé parfois douloureux. Les chapitres concernant l'esclavage et les traites négrières sont très clairs. D'ailleurs, ce sont les seuls qui intéressent la plupart de mes élèves. Ils s'indignent des crimes de l'esclavage, et qu'on parle tout le temps de la Shoah. Cela revient en boucle.

Nous, professeurs, ne sommes pas là pour faire de l'édification, certes. Mais que faire face à des élèves qui ne se sentent pas concernés par l'histoire de France ? Lorsqu'on examine un texte de

Molière je leur dis pourtant : « C'est aussi votre histoire. Cela fait partie de votre culture ! » J'aimerais tant qu'ils aient le même raisonnement qu'un Romain Gary, ou un Vladimir Jankélévitch. Ces gens avaient déclaré leur flamme à la France, et infiniment donné à ce pays…

Mais l'histoire ne fait plus sens. Et certains collègues, là encore, confortent ces adolescents dans ce sentiment qu'ils en sont les perdants, en ne transmettant pas des connaissances, mais de l'idéologie. Certes, ces professeurs sont ultra-minoritaires, mais je ne pense pas qu'ils agissent dans l'intérêt des élèves.

À l'histoire on oppose souvent la mémoire. Or les deux sont complémentaires. À la frénésie mémorielle, il est bon d'adosser la rigueur historique.

Un jour, un élève arrive dans mon cours, scandalisé par une plaque qu'il a vue dans la rue, où le génocide arménien est mentionné : « Pourquoi on parle du génocide arménien, alors qu'on ne parle pas du génocide en Bosnie ? » Le terme n'est en effet pas employé pour la Bosnie par les historiens, car sur ce point, il y a encore un débat dans l'historiographie. Nous sommes dans l'histoire récente et manquons encore de recul, ce qui n'est pas le cas pour le génocide arménien, qui fait globalement consensus dans la communauté des chercheurs. L'élève se renfrogne quand je lui fais cette réponse. Il n'est pas convaincu.

Toute l'histoire est lue à travers le prisme identitaire de la religion, ou de la couleur de peau. Ces jeunes ont le sentiment d'une hypermnésie sur l'antisémitisme et la Shoah, et d'une amnésie sur les sujets qui les concernent, car ils se voient comme les seules et vraies victimes de l'histoire. Il y a même concurrence entre eux. Dans une classe où certains élèves sont antillais et d'autres originaires d'Afrique subsaharienne, j'ai entendu un jour prononcer cette phrase : « Oui mais vous, vous n'avez pas souffert comme nous. »

Ils sont hypersensibles, éruptifs même, par rapport à ces questions. Il faut dire que les idéologies de toutes sortes ont trouvé dans les réseaux sociaux une formidable caisse de résonance.

Il y a un vrai « parasitage » extérieur.

Ceux qui soufflent sur les braises

Quand j'ai parlé de Samuel Paty à ma classe lors de la minute de silence, est venue cette phrase : « Oui, mais vous, monsieur, ça pourrait pas vous arriver, on vous aime bien ! » Ce à quoi j'ai répondu : « Mais ce professeur, ses élèves l'aimaient bien… Vous savez, cela pourrait très bien m'arriver aussi ! » J'ai alors vu leurs yeux s'arrondir, silencieusement… Mes élèves n'ont aucune inimitié envers moi, ni envers leurs enseignants en général. La posture hostile est dirigée contre un certain discours qui à un moment donné va se heurter à des résistances, des réticences…

Le but de l'enseignement, c'est de « déverrouiller » ; or là on a clairement affaire à une fermeture des esprits, dont on ne trouve plus la clé.

Par percolation, les débats de société qui sont dans l'air du temps arrivent dans les classes : l'histoire, surtout, est de plus en plus envisagée exclusivement sous le prisme de la mémoire militante, d'une assignation à une identité close, pire, à une « essence », celle des victimes. Une histoire jugée au tribunal du présent.

Dans mes cours, je remarque par exemple ces derniers temps que certains élèves cherchent systématiquement la «petite bête», la faille, pour arriver à faire coller ce que je dis avec leur grille de lecture, selon laquelle «les musulmans sont les perdants de l'histoire». Ces élèves, très interventionnistes, perturbent le déroulement du cours, et je dois prendre garde à ne pas me laisser déborder.

J'ai le sentiment de ne plus pouvoir penser le réel en mouvement, que tout est figé, que toutes les catégories sont rangées dans des cases. L'idéologie est intégrale. Il y a une sorte de fléchage sociétal. Mes élèves baignent dans une «atmosphère identitaire» qui se déploie sur les réseaux sociaux, et qui comprend deux discours complices, symétriques et qui s'alimentent l'un l'autre. Face à l'extrême droite, certains universitaires viennent dire, à l'autre extrémité de l'échiquier politique, que «la race, c'est un concept scientifique». On croirait lire du Gobineau dans le texte[48]. Ces gens qui se disent de gauche parlent de la race avec le même logiciel qu'Alain de Benoist[49], avec les mêmes schèmes de pensées ethnodifférentialistes que

48. Arthur de Gobineau (1816-1882) est un écrivain français essentiellement connu aujourd'hui pour son *Essai sur l'inégalité des races humaines* (Paris, Didot, 1853-1855).

49. Alain de Benoist est un essayiste français, chef de file de la «Nouvelle droite».

l'extrême droite. Certains intellectuels déclarent même explicitement leur hostilité à l'encontre des Lumières : ils manifestent le rejet radical d'une idée universelle d'humanité en reprenant parfois les mêmes arguments que Juan Donoso Cortés, Joseph de Maistre, ou encore Louis de Bonald en leur temps, c'est-à-dire tous les penseurs des « anti-Lumières » du début du XIXe siècle. Des penseurs qui ont ensuite nourri la doctrine de l'Action française de Charles Maurras. Ce sont donc des gens « de gauche » qui parlent avec des chaînons de pensée maurrassiens… Et ces schémas de pensée ne produisent pas un discours d'apaisement, bien au contraire. C'est un discours idéologique, qui instrumentalise l'histoire.

Il y a une claire imprégnation du débat universitaire qui se produit *via* les réseaux sociaux dans les classes, et face à laquelle nous, enseignants, qui avons un discours mesuré, nous retrouvons comme face à un mur. Et je ne suis pas persuadé que lorsqu'on va dans le sens de certains enseignements ou discours idéologiques d'universitaires, cela aide à déverrouiller les esprits.

Actuellement, dans l'Université française, nombre de chercheurs importent des problématiques qui se sont développées ces dernières années dans les universités américaines. Les *Studies* se sont substituées désormais aux «disciplines». Elles revendiquent souvent leur aptitude à intervenir dans l'ensemble du champ des sciences humaines et sociales, dans une perspective transdisciplinaire. Elles se déclinent à l'infini : Women Studies, Animal Studies, Gender Studies, Postcolonial Studies, Queer Studies, Porn Studies, Subaltern Studies, Environmental Studies, ou bien encore Nuclear Studies, etc. Il faut noter que leur approche est souvent militante. Par exemple, les «Porn Studies» proposent une critique de la pornographie dominante «hétérosexiste». Il y a une sectorisation, une fragmentation du savoir, un émiettement de toutes les problématiques qui produit une atomisation de la pensée critique rationnelle au profit du «devenir animal», du «devenir *queer*», du «devenir transgenre», etc. On assiste aujourd'hui à une mutation : la recherche militante prend progressivement le pas sur la recherche tout court, ouvrant la voie à une confusion entre le positif et le normatif.

Je ne nie pas qu'il puisse y avoir des choses intéressantes dans tout cela, par exemple dans les «Cultural Studies». Je pense aux études de Paul Gilroy sur l'Atlantique noir, qui relatent notamment la manière dont la traite négrière a pu nourrir la musique noire aux États-Unis, et ce dans une perspective très fine, passionnante et radicalement anti-essentialiste[50]. Il faut comprendre la question noire aux États-Unis, c'est très important. Son histoire a été et reste douloureuse. Mais il y a un gouffre entre cette compréhension et le basculement dans les accusations d'« appropriation culturelle ».

Or ces problématiques sont en train d'arriver en Europe, et en France, à une vitesse phénoménale : elles envahissent littéralement non seulement les départements de sciences humaines dans les facultés françaises, mais aussi certains instituts de formation des maîtres. Laurent Loty, chercheur au CNRS, spécialiste des mouvements décoloniaux, raconte par exemple qu'« on demande aux impétrants d'être attentifs au contexte ethno-racial[51]. »

À partir du moment où l'on répète à longueur de temps à des jeunes qu'ils sont des victimes, ils ne se voient plus *que* comme des victimes. Les

50. Paul Gilroy, *L'Atlantique noir. Modernité et double conscience* [1993], trad. Charlotte Nordmann, Paris, Amsterdam, nouv. éd., 2017.

51. Mélanie Déchalotte, « Islamo-gauchisme : comment l'empêcher de faire école », *Charlie Hebdo*, 19 mars 2021.

débats sociétaux déteignent sur ces adolescents que je retrouve en classe. Ces idéologues les confortent dans leur ressentiment, les enferment dans leur hystérie identitaire, et cela ne peut que réifier, renforcer toutes les postures religieuses car la religion, ou plutôt la «religiosité», elle, aura réponse à tout.

Ces idéologies radicales, qui ont acquis de plus en plus de visibilité dans la société, sont aussi relayées à l'intérieur de l'Éducation nationale par des organisations qui, au mieux, leur opposent un frileux «pas de vagues» et, au pire, leur déroulent le tapis rouge.

5.

La grande solitude du professeur

On ne peut pas changer tout ce qu'on affronte, mais rien ne peut changer tant qu'on ne l'affronte pas.

James Baldwin[52]

L'islamisme : l'angle mort des syndicats

Plus les années passent, et plus je m'habitue à ce que mes cours fassent l'objet de contestation, de provocations. Si certaines, on l'a vu, ne datent pas d'hier, d'autres sont plus inattendues. Cette bataille physique entre deux élèves en classe, par exemple, parce qu'en plein Ramadan l'une d'elles avait osé

52. *I am not your negro*, éd. Raoul Peck, trad. Pierre Furlan, Paris, Robert Laffont, 2017.

transporter des fraises Tagada dans son sac à dos. Des bonbons qui, selon l'autre, n'étaient pas *halal*, car contenant de la graisse de porc… Ou encore cette convocation dans le bureau du proviseur, où j'ai dû argumenter face à une mère d'élève qui refusait que sa fille enlève ses gants pendant les cours de chimie.

Lorsque ce genre d'incident survient, vers qui se tourner ? Les collègues ? La hiérarchie ? Les syndicats ? À vrai dire, l'on se sent très seul. Un professeur est face à sa classe, seul maître à bord, seul responsable aussi en cas de souci. Au fil des ans, on apprend à vivre avec cette crainte du dérapage, mais le climat est très pesant. Et même si j'aime toujours autant faire passer des savoirs, semer quelques graines, qui, je l'espère, germeront ensuite, je ressens de plus en plus une très grande solitude, voire de l'isolement.

Je n'ose plus demander de soutien syndical. Car le mal qui nous frappe est difficile à nommer ; il se dissimule sous la forme rampante d'idéologies identitaires, dans laquelle les partisans d'un islam radical s'engouffrent pour se victimiser. Or de nombreux syndicats ne voient pas la poutre qu'ils ont dans l'œil. Ce sont des organisations qui se disent antiracistes, de la même manière que cette gauche qui a renoncé à ses combats sociaux au profit de simples questions sociétales et de luttes partielles.

Au tout début de ma carrière, j'ai été adhérent du SNES-FSU[53]. Le premier conseil que l'on m'avait donné lorsque j'ai obtenu l'agrégation, c'était de me syndiquer, faute de quoi mon dossier de demande de mutation ne serait pas appuyé. J'étais plutôt à gauche, donc je suis tout naturellement allé vers le SNES-FSU. J'avais alors des sympathies anarchistes, j'écoutais pas mal de hard rock, et je n'aimais pas trop les étiquettes militantes, mais je n'avais pas envie de me retrouver relégué dans un établissement que je n'aurais absolument pas désiré, au fin fond de mon académie. Alors, je l'avoue, je me suis syndiqué autant par opportunisme que par conviction. Nous étions au début des années 1990.

J'ai très vite déchanté : j'ai été effaré par la communication de ce syndicat, son corporatisme et

53. Le Syndicat national des enseignements de second degré est le premier syndicat des personnels enseignants (professeurs certifiés, agrégés et non titulaires), d'éducation (conseillers principaux d'éducation et étudiants-surveillants) et d'orientation (conseillers d'orientation-psychologues) des collèges et des lycées généraux et technologiques. Il est affilié à la FSU, Fédération syndicale unitaire, qui est en France la première fédération syndicale de l'enseignement.

son discours bureaucratique. J'y suis donc resté affilié une année, mais pas davantage.

Le SNES-FSU est si dominant dans le paysage de l'Éducation nationale qu'on a longtemps considéré que ses membres cogéraient le ministère. À l'intérieur de la FSU se côtoyaient divers courants, notamment celui dit de «l'école émancipée», par ailleurs titre de la revue éponyme. J'étais plutôt sensible à l'idée, qu'ils défendaient, d'une école coopérative, égalitaire et solidaire; ils étaient aussi très attachés à la laïcité, opposés à toute influence marchande ou religieuse au sein de l'école et sur les élèves. Mais tous ces engagements se sont révélés bien ténus au fil du temps.

Le SGEN-CFDT[54] ne me disait rien qui vaille. Ce syndicat-là s'illustrait souvent par son hostilité envers toute forme d'excellence en ce qui concernait les élèves, mais aussi les professeurs. Il y a une vingtaine d'années, par exemple, le tract d'une section locale s'était élevé contre l'agrégation. Le SGEN-CFDT a par ailleurs été l'un des relais des thèses des sciences de l'éducation, celles

54. Syndicat général de l'Éducation nationale, interprofessionnel, implanté dans chaque académie et rassemblé au niveau national au sein de la fédération des SGEN-CFDT, elle-même affiliée à la Confédération française démocratique du travail.

notamment de Philippe Meirieu[55], un chercheur professant un «pédagogisme» qui est à mes yeux une forme de rousseauisme dévoyé. Des formules du type : «il faut apprendre à apprendre», «il ne faut pas alourdir la surcharge cognitive de l'élève» ont mené sans qu'on y prenne garde à toute une logomachie bien connue : «référentiel bondissant» remplaçant le terme *ballon*, ou encore «jeux écrits» pour ne pas traumatiser les élèves avec le mot *exercices*. Mes collègues qui émargent au SGEN-CFDT sont aussi très réceptifs aux thèses de François Dubet et à sa critique de la méritocratie républicaine[56]. Vraiment, tout cela ne correspond pas à ma conception de l'excellence pour tous.

J'aurais pu rejoindre la CGT-Éduc'action, mais quand je vois leur verbiage rédigé en écriture inclusive, ce qui pour moi est du chinois, je me dis que je n'ai rien à y faire.

Au début des années 2000, j'avais été intéressé par l'émergence du syndicat SUD-éducation, qui correspondait dans l'enseignement à SUD-Rail. À présent, leurs militants font des réunions non

55. Philippe Meirieu, né en 1949, est un chercheur spécialiste des sciences de l'éducation et de la pédagogie.

56. François Dubet, né en 1946, est un sociologue français, ex-directeur de l'EHESS.

mixtes (interdites aux Blancs, ou interdites aux hommes), pour faire émerger leurs revendications. Des réunions où l'on dénonce le « racisme d'État ». Je ne risque donc pas de me joindre à des organisations qui sont aujourd'hui infiltrées, à mes yeux, par la mouvance décoloniale et intersectionnelle qui sévit aussi, on l'a vu, à l'Université.

Enfin, on peut aussi croiser dans mon lycée la CNT-SO[57], syndicat créé en 1946 par des réfugiés républicains espagnols (auxquels, lecteur d'Orwell depuis l'adolescence, va toute ma sympathie) qui s'étaient battus contre la dictature franquiste. Mais leurs héritiers n'ont plus grand chose à voir avec leurs aînés…

Or tous ces syndicats, sans exception, dévoient à mon sens le combat antiraciste. Il me suffit pour m'en persuader de lire régulièrement la prose affichée sur le panneau syndical accroché dans la salle des professeurs du lycée, en manquant parfois de m'étouffer avec mon café.

Les premiers signes de « renoncement » dans les discours ont très clairement commencé à émerger lors du débat précédant la loi du 15 mars 2004 sur le voile, interdisant aux élèves de l'école publique

57. La Confédération nationale des travailleurs-Solidarité ouvrière.

« le port de signes ou tenues par lesquels [ils] manifestent ostensiblement une appartenance religieuse ». À l'époque, les discussions avaient été vives, à l'intérieur du lycée, entre partisans du voile et promoteurs d'une laïcité stricte. Les premiers ne voulaient pas, par une interdiction, stigmatiser les musulmans. Certains de leurs arguments étaient intéressants : ils craignaient qu'une interdiction du voile ne raidisse les positions. Certains militants prenaient pour exemple ce qui se passait en Angleterre, pays très tolérant envers les signes religieux.

Je me souviens d'une conversation assez animée lors d'une pause entre professeurs dont les avis divergeaient. Une collègue d'origine tunisienne nous observait de loin. À un moment donné, elle s'est approchée et est intervenue en nous disant : « Lorsque je vais en Tunisie, sur la plage de Gammarth, je me fais harceler par des types qui ne supportent pas que je sois en maillot de bain. En France, je suis contente parce que je peux aller à la plage tranquillement. Si on lâche face à ces types, c'est fini… Si vous leur donnez un doigt, ils vous prendront le bras… » Silence autour de la machine à café. L'expérience avait séché l'expertise… Cette anecdote très concrète avait achevé de me convaincre qu'il fallait rester ferme sur nos principes laïques. Et, surtout, m'avait ouvert les yeux sur le fait qu'il ne s'agissait pas d'une problématique franco-française.

Le débat sur le voile a parfois été très virulent, presque hystérisé. Mais il avait le mérite de pouvoir avoir lieu. Nous échangions encore des arguments contradictoires. Depuis, la loi a été votée, et les positions se sont très clairement rigidifiées. Dans la majorité des syndicats, les opposants à la loi considèrent qu'elle n'est pas laïque, qu'elle est dirigée explicitement contre les musulmans, qu'elle est une forme de discrimination à leur encontre. Et la discussion n'est plus possible. Désormais, chacun campe sur ses positions. Les arguments se sont polarisés, radicalisés.

Aujourd'hui, la loi est claire, et pourtant le débat est toujours vif. Et certains l'instrumentalisent. La FCPE[58], syndicat de parents d'élèves, par exemple, a diffusé en septembre 2019 lors de l'élection de ses représentants une affiche sur

58. La Fédération des conseils de parents d'élèves (FCPE) est la première fédération de parents d'élèves de l'enseignement public en France. Elle a obtenu 40 % des voix aux élections organisées en 2019-2020 dans les collèges et les lycées.

laquelle on voyait une femme voilée à côté d'une petite fille. La question suivante accompagnait la photo : « Oui, je vais en sortie scolaire, et alors ? » Le message précisait : « La laïcité, c'est accueillir à l'école tous les parents sans exception », et il était complété par le *hashtag* « #serespecter ». Or le port du voile par des mères d'élèves est tout à fait autorisé : il s'agit d'adultes, dans l'espace public. Rien à voir avec la laïcité qui doit être respectée par les élèves à l'intérieur de l'enceinte scolaire. Du pain bénit pour l'extrême droite qui s'empare de la question le mois suivant en Bourgogne : un élu du Rassemblement national demande à une mère d'élève voilée, ce qui était son droit, de sortir de l'enceinte du conseil régional. L'incident a été très médiatisé : de nombreux militants de la FCPE se sont empressés de hurler à la discrimination et d'associer la laïcité à l'extrême droite, histoire de mieux la disqualifier. Ces événements illustrent parfaitement le fonctionnement de ces organisations qui s'alimentent mutuellement, tout en dévoyant la laïcité.

Les syndicats enseignants, eux, ont réagi avec un peu plus de discernement à cette affiche… mais sans dire un mot du clientélisme, voire du paternalisme dont a fait preuve la FCPE, et encore moins de l'idéologie frérot-salafiste qui gangrène certains quartiers. Tout cela ne peut qu'apporter encore plus de confusion dans les esprits, et ouvrir des lignes de fracture.

Lorsque la loi sur le voile est concrètement remise en cause au quotidien par des élèves qui provoquent volontairement des incidents en classe, il est donc délicat de se tourner vers les syndicats. Certes, quelques vieux routiers restent constants sur la laïcité. Mais nombre de syndicalistes ont un discours ambigu : celui qui fait respecter la loi est jugé coupable, il «jette de l'huile sur le feu», il n'est «pas *cool*», car il «ne ferme pas les yeux», c'est un «combattant laïcard». Quelle ne fut pas ma consternation le jour où j'entendis ce vocable au suffixe péjoratif, forgé par Charles Maurras, dans la bouche d'une collègue cégétiste… L'Éducation nationale est régulièrement confrontée à des élèves qui tentent de contourner la loi en mettant des bandeaux de plus en plus larges dans les cheveux. Quand je leur demande de les enlever, je ne suis pas vraiment soutenu. Alors, de guerre lasse, je laisse filer…

Certaines antennes syndicales, à commencer par celles de SUD-éducation, je le dis ici sans ambages, ont une position plus qu'équivoque face à l'islam dans sa déclinaison politique et identitaire. Des officines sont noyautées par des militants très tolérants face aux islamistes qui font de l'entrisme. Au quotidien, je le ressens en écoutant attentivement le discours de mes collègues de SUD-éducation, par exemple, ainsi qu'en lisant et analysant les panneaux syndicaux. Le lexique employé ne laisse guère de doute à ce sujet.

Les mots clés sont très simples : la laïcité est assimilée à une « arme d'exclusion » ou « de discrimination ». On y parle de « racisme d'État », de « lutte contre les mécanismes d'oppression », on y organise des « ateliers en non-mixité raciale », des stages non mixtes excluant les Blancs. L'un des derniers tracts que j'ai ainsi lus s'intitulait : « Au croisement des oppressions, où en est-on de l'antiracisme à l'école ? » Je peux en citer d'autres : « Comment entrer en pédagogie antiraciste ? » Des tracts où l'on accuse l'école d'« instrumentaliser l'histoire pour masquer les crimes coloniaux et remettre au goût du jour le roman national ». Cette façon de désigner leurs adversaires, de manière extrêmement politisée, est très claire : il s'agit de la « fachosphère », de ceux qui mènent une « campagne réactionnaire ».

Les critiques sont vives envers un mouvement comme le Printemps républicain, des « traîtres de gauche », ou la Licra, qui « relaye des thèses d'extrême droite ».

Toute critique du cléricalisme, en l'occurrence celui de l'islam, est par avance disqualifiée, sous couvert d'une lutte antiraciste. Je suis effaré par la complaisance hallucinante dont font preuve quotidiennement certains professeurs envers les intimidations des militants frérot-salafistes dans notre quartier, sous couvert de : « Il faut comprendre… » Pour se justifier, ils citent invariablement tous les lieux communs utilisés dans les discours syndicaux : « discrimination », « stigmatisation », « racisés »… Et puis, il y a clairement un évitement. Ils tournent autour du pot en employant la langue de bois. Par exemple, après les attentats, ce tract qui dénonçait « tous les fanatismes », mais mettait en garde « contre le racisme ». J'appelle cela noyer le poisson.

Après la mort de Samuel Paty, des élèves se sont réjouis sur les réseaux sociaux. Choqué, je fais des captures d'écran, et interpelle un collègue, militant SUD-éducation, dans la salle des professeurs. Celui-ci minimise les manifestations de joie que je lui montre : « Pourquoi tu t'énerves ? Ce sont des adolescents ! Ils sont décérébrés, tu ne vois pas le vrai problème, tu te crispes sur un faux problème. Franchement, c'est pas grave, ça... » Pour le coup, je m'énerve et lui réponds : « C'est curieux, quand on avait parlé de Mila, là c'est toi qui t'étais crispé... Elle, ce n'était pas juste une adolescente qui racontait des conneries ? » C'est pour moi un clair exemple d'indignation sélective, et d'aveuglement. Une indignation à géométrie variable : quand les événements n'entrent pas dans le logiciel militant, on les évacue. Et ce collègue ajoute : « Cet assassinat va provoquer un racisme antimusulman. » Donc la décapitation de Samuel Paty produit un problème qui est le racisme contre les musulmans. CQFD.

Or l'expression même n'est pas adéquate, car le racisme ne se professe pas envers une religion, qu'on a tout à fait le droit de critiquer. On peut contester les concepts de « vie éternelle », de « résurrection », voire de « Dieu », etc. D'ailleurs les hussards noirs ne s'en privaient pas. Et on n'aurait pas le droit d'interroger ces mêmes concepts appliqués à l'islam ? Cela n'a rien à voir avec du racisme. Mais apparemment, pour ces beaux esprits, il est impossible de plaider la possibilité de critiquer l'islam tout en combattant le racisme à l'encontre des personnes issues de l'immigration afro-maghrébine.

Quelle difficulté il y a à faire entendre cela… Ceux qui contestent cette expression et cette vision des choses sont d'emblée disqualifiés. Concernant les problématiques que l'on rencontre au quotidien, ces syndicalistes ont réponse à tout : « Il y a un racisme systémique, la police est raciste, nos jeunes souffrent de discrimination, il faut les comprendre… » C'est un discours auto-immun qui ne peut plus s'ouvrir, qui tourne en rond.

Cet antiracisme dévoyé utilise le vocable *islamophobie* à toutes les sauces. Et gare à qui contesterait le terme, ou en discuterait l'utilisation ! C'est dans ce genre de renoncements, d'« il faut être vigilants face à l'islamophobie », que s'engouffrent les islamistes. Ces représentants syndicaux sont, sous couvert de bons sentiments, des chevaux de Troie.

Le relativisme est intégral : dans les tracts qui ont suivi la mort de Samuel Paty était fustigé le « fanatisme ». Deux exemples très concrets : un communiqué du SGEN-CFDT mettait en garde contre « les stigmatisations envers les musulman.e.s ». Un autre, de la CNT-SO, souhaitait « que cet assassinat atroce ne soit pas l'occasion pour le pouvoir ou les forces réactionnaires de semer le poison de la division et du racisme». À aucun moment, le mot *islamisme* n'est prononcé. Le problème n'est pas nommé. Personne n'a pris en compte la spécificité de ce qui nous touche à présent, après avoir frappé entre autres des journalistes ou les spectateurs d'un concert de rock : l'islamisme. Or il serait bon de le nommer, en évitant bien sûr toute forme d'assimilation de l'islam à un danger. Car ce serait tout aussi absurde que d'imputer à Marx les crimes du stalinisme. Mais même cela semble devenu irrecevable.

Le logiciel qui préside à la rédaction de ces communiqués, et à ces discours qu'on entend en salle des professeurs, dit que l'islam est la religion des damnés de la Terre. Lorsqu'on évoque l'émir du Qatar, ou le fait que l'islam englobe une réalité autrement complexe, qu'il n'est pas uniforme, mais qu'au contraire des courants à la fois dogmatiques et idéologiques s'y affrontent, le logiciel bogue, et se rallume en mode «sans échec». L'extension de l'idéologie frérot-salafiste n'est pas envisagée comme phénomène.

Ainsi, à chaque remarque, revient ce discours qui tourne en rond et échappe à toute dialectique : «c'est un coup de l'extrême droite». À la moindre remise en cause, vous vous voyez affublé du qualificatif *réactionnaire*, qui coupe court à toute discussion sensée. La mesure et la réflexion ont déserté les cerveaux des salles des professeurs.

Voilà pourquoi, lorsqu'on est en tant qu'enseignant confronté à des problématiques identitaires en classe, il est très difficile de se tourner vers ceux qui, pourtant, devraient nous soutenir. Nous demeurons dans une grande solitude. Et ce qui me met en colère, c'est que ceux qui donnent des leçons sont les mêmes qui ne prendront pas leurs élèves à l'heure, ou qui ne seront pas corrects avec eux. Cette discordance entre les discours et l'action me frappe chaque jour. Ce sont de belles âmes pour donner des leçons, mais face à la réalité, il n'y a plus personne…

Il est utile ici de rappeler que le taux de syndicalisation des professeurs tourne autour de 24 % : il est donc plus élevé que dans la population générale (7 %). Dans le réel, leur influence est difficilement quantifiable, mais il y a une diffusion de leurs idées dans les esprits, une sorte d'hégémonie culturelle, gramscienne, de *soft power*.

Dans mon lycée, nous sommes une centaine de professeurs, et la majorité est silencieuse. Souvent, ce sont des enseignants qui ne comprennent pas tous les tenants et les aboutissants de l'infiltration de l'islamisme à l'école. La plupart ne savent pas sur quel pied danser. Il y a un sentiment d'embarras, de gêne.

Je ne jette pas la pierre, malgré tout ce que j'ai écrit, à ces syndicalistes qui font très souvent leur travail sur les autres thématiques : la réforme du baccalauréat, ou les mesures sanitaires lors de la pandémie de Covid. Mais le communautarisme et l'islamisme sont clairement dans un angle mort qui les empêche de voir les choses telles qu'elles sont. J'étais effaré, après la mort de Samuel Paty, de lire tous les communiqués que je recevais sur ma boîte académique. Pour la majorité des syndicats, « le problème, c'est la montée de l'extrême droite ». Et pour combattre cela, il faut mettre sous le tapis tout ce qui ne rentre pas dans leur logiciel.

« Pas de vagues » : cette expression est devenue un nouveau mantra, pour l'administration aussi.

L'embarras de la hiérarchie

Je me souviens d'un conseil d'administration auquel j'avais participé peu après l'apparition des premières abayas dans le lycée, en 2011. Nous devions justement aborder le sujet. Autour de la table étaient assis la représentante de la mairie, celle de la région, ainsi que le représentant du rectorat… Et tous étaient sur la même longueur d'onde : surtout, ne pas en parler, pour « ne pas mettre le feu aux poudres ».

Pour moi, ce genre de « pas d'amalgames », « pas de vagues » est contre-productif. Ne pas nommer le problème ne nous empêchera pas d'y être confrontés. L'affrontement, qui passe par les provocations, c'est ce que les courants islamistes veulent. C'est hégélien : l'ennemi vous désigne. C'est munichois. C'est Churchill qui disait à Chamberlain : « Entre le déshonneur et la guerre, vous avez choisi le déshonneur, et vous aurez la guerre. »

Face à la remontée du fait religieux en classe, impossible également de s'appuyer sur une administration hyperfrileuse. Son crédo est clair : « Pas d'emmerdes ! » Les proviseurs et leurs adjoints mettent en œuvre des stratégies bien précises en région parisienne. Ce qu'ils visent, surtout après quelques années de carrière, c'est un lycée, si possible parisien pour bénéficier d'un logement de fonction intra-muros, ce qui leur permet d'économiser le prix d'un loyer élevé. Les chefs d'établissement sont trop souvent des carriéristes aux ordres de leur direction. Ce qu'ils veulent, c'est surtout qu'on ne fasse pas de vagues. Donc, au moindre événement, l'administration allume des contrefeux, sort l'extincteur, et l'incident se termine comme toujours, étouffé. Prisonniers de cette logique, ils ne vont pas non plus se saborder… Il y a quelques exceptions cependant : des chefs d'établissement, en fin de carrière, qui n'ont plus rien à perdre. Eux oseront affronter les problèmes sans craindre les remontrances du rectorat ou de l'inspection académique.

Les choses évoluent pourtant doucement, avec la prise de conscience de ce phénomène de poussée religieuse dans les établissements scolaires par le ministère depuis la rentrée 2021, et la mise en place d'un plan de formation de tous les personnels sur la laïcité.

Mais le chemin à parcourir est si long. Les habitudes et les renoncements sont encore prégnants. Les chefs d'établissement font face à des injonctions contradictoires. Ils ont des comptes à rendre continuellement. Par exemple, s'ils convoquent trop de conseils de discipline, on va leur dire qu'ils ont la main lourde, qu'ils sont trop répressifs.

La plupart ont développé des stratégies d'évitement, ils mettent la tête dans le sable et appliquent la politique de l'autruche.

Un jour, l'une des mes élèves avait répondu à mon collègue de physique-chimie, après qu'il lui avait demandé d'ôter ses gants : « Pas question, je ne montre pas mes mains à un *kouffar* ! » Le port de ces gants pouvait se révéler dangereux lors des travaux pratiques de chimie, et l'enseignant m'avait saisi du problème en tant que professeur principal. La réaction de la proviseure avait été la suivante : « Mais des gants, ce n'est pas un signe religieux. » Que ce collègue se fasse qualifier de *kouffar* était resté dans son angle mort. J'étais interloqué. *Kouffar*, n'est-ce pas un terme religieux ?

Cette élève a fini par ne plus venir en cours. Pour la proviseure, c'était un échec de « l'école inclusive ». « Monsieur Valogne, vous êtes un professeur à l'ancienne », me dit-elle un jour, « il faut s'ouvrir. »

Elle devrait parfois venir assister à un de mes cours, elle s'apercevrait que j'aime les makrouts et les loukoums que ces adolescents m'apportent pendant le Ramadan, et que le pot à crayons avec cette magnifique calligraphie arabe offert par l'un de mes élèves trône sur mon bureau. Elle devrait aussi se rendre dans les classes de mes collègues de culture musulmane qui sont, elles, réellement intraitables sur la laïcité. L'autre jour, l'une d'elles a exclu une élève car elle portait un large bandeau dans les cheveux, cela s'est très mal passé. Des insultes véhémentes (« traître à ta race ! ») ont fusé.

Beaucoup de mes élèves comprennent parfaitement ce que je leur explique, et respectent les règles.

Mais parmi mes collègues, combien ont un discours clair sur la laïcité ?

Un relativisme mortifère

Le relativisme, dans la salle des professeurs, a de beaux jours devant lui. Noyer le poisson est devenu un sport de combat dans mon lycée : « Les attentats, c'est la violence humaine… On a bien eu l'Inquisition avec le christianisme… C'est de la faute du fanatisme. » Certains enseignants sont des militants, mais beaucoup n'ont juste pas les idées claires concernant la laïcité et l'école républicaine.

Pour ce qui me concerne, je n'utiliserai pas le terme *islamo-gauchisme*, qui fait parfois la une des journaux. Cette expression fut forgée par le chercheur Pierre-André Taguieff, qui a beaucoup écrit sur les problématiques ethnodifférentielles et ethnoraciales, et l'extrême droite s'en est aujourd'hui emparée. Ce syntagme ne me convient pas, car il est agité par le Rassemblement national comme un épouvantail.

Je préfère parler d'alliance objective entre militants. Et cette alliance idéologique a une histoire. Dans les années 1990, en Angleterre, un texte fondateur est publié par le Social Work Party. Dans *Le Prophète et le Prolétariat*, Chris Harman explique que la classe ouvrière doit faire une alliance objective avec les musulmans pour espérer gagner[59]. C'est une stratégie tout ce qu'il y a de plus trotskyste, planifiée. Cette idée, qui s'est diffusée peu à peu dans le gauchisme anglo-saxon, est arrivée en France *via* la Ligue communiste révolutionnaire, ancêtre du NPA[60], en 2010, lorsque le premier voile est apparu sur les affiches électorales du parti. Au sein de la LCR, les débats

59. Chris Harman, *The Prophet and the Proletariat: Islamic Fundamentalism, Class and Revolution*, London, International Socialism, 1994.

60. Le Nouveau parti anticapitaliste est un parti politique français d'extrême gauche créé en février 2009.

avaient été rudes. Christophe Bourseiller, un chercheur spécialiste des extrêmes, démontre comment certains segments de l'ultragauche entrent alors en convergence dans leurs discours avec l'islamisme[61].

En France, cette alliance objective n'est pas nouvelle. En 1972 déjà, Edwy Plenel, alors jeune militant trotskyste, publie une tribune après l'attentat des JO de Munich, soutenant les auteurs de l'attaque, dans *Rouge*, l'hebdomadaire de la LCR. Ce texte a été à nouveau diffusé *via* les réseaux sociaux il y a peu, ce qui a provoqué la colère de l'entourage de Plenel. Celui-ci soutient qu'il a évolué depuis, et qu'il est purement scandaleux de propager cet article. *Scripta manent*, les écrits restent, là est le problème… Le logiciel de Plenel n'a pas changé avec les années, il est trotskyste, et le propre de ces militants est de faire de l'entrisme, de se fondre dans la masse pour l'influencer, de se draper dans des habits respectables pour faire passer leurs idées. Sa logique est la même, malgré ses dénégations.

61. Christophe Bourseiller, « Pour une brève histoire de l'islamo-gauchisme », *Revue des Deux Mondes*, octobre 2018.

Dans les années 1970, nombre de mouvements de libération nationale ainsi que le panarabisme, issus des combats pour les indépendances, sont entrés en convergence des luttes avec l'extrême gauche. Derrière cela, il y a l'horizon louable d'une émancipation politique. Cela va donner par exemple cet article fondateur publié en 1978 dans lequel Michel Foucault soutient l'Iran des Mollahs, texte qu'il n'a jamais renié, jusqu'à sa mort en 1984, alors qu'on pendait les homosexuels dans les stades à Téhéran[62].

Cette alliance, née dans les années 1970 en France, passe par l'Angleterre dans les années 1990, et réapparaît dans l'Hexagone dans les années 2000…

Parallèlement, la gauche américaine a évolué aussi de l'autre côté de l'Atlantique, et ses idées vont influencer les intellectuels français. Il s'agit dans les universités américaines d'une gauche culturelle, qui se décline, on l'a vu, en une multitude d'études décoloniales.

Ces deux lignes de militantisme d'un côté, et de recherche de l'autre vont se rejoindre à un

62. Michel Foucault, « À quoi rêvent les Iraniens ? », *Le Nouvel Observateur*, n° 727, 16-22 octobre 1978.

moment donné. En France, ces deux tendances convergent par exemple au PIR, le Parti des indigènes de la République, et dans les écrits de certains auteurs. Sans forcément s'en apercevoir, ces militants et ces intellectuels sont les idiots utiles de l'islamisme.

Personnellement, j'ai longtemps pensé que le salafisme que je voyais croître autour de mon lycée était quiétiste, qu'il y avait une ligne claire de démarcation entre le salafisme d'un côté, et le djihadisme de l'autre. Je pensais que le salafisme était pacifique, apolitique, opérait un repli complet sur soi, dans la sphère privée, qui n'entendait pas se mêler de problématiques de société. Je n'imaginais pas qu'il pouvait y avoir un lien entre salafisme et terrorisme, qui attirait, croyais-je, des gamins paumés. Je ne voyais aucune continuité entre la religion la plus stricte et le passage à l'acte violent. Même si je suis athée, je respecte les croyants.

Or d'année en année, en lisant des ouvrages très documentés, comme récemment celui d'Hugo Micheron[63], et en observant ce qui se passe dans

63. Hugo Micheron, *Le Jihadisme français. Quartiers, Syrie, prisons*, préface de Gilles Kepel, Paris, Gallimard, coll. «L'esprit du monde», 2020.

mes classes, je m'aperçois que le salafisme et le djihadisme sont devenus de plus en plus ouvertement poreux. On ne peut plus fermer les yeux aujourd'hui sur cette perméabilité entre les idées salafistes et un islam radical qui constitue le terreau idéologique du djihadisme.

Et dans ce cadre, certains salafistes ont des stratégies de pénétration. Mes élèves, je le sens, baignent dans des problématiques qui les dépassent.

Lorsque j'ai lu sous les plumes de Cynthia Fleury et d'Emmanuel Lemieux l'expression « gramscisme islamique », j'ai commencé à me poser des questions[64]. Jusqu'alors, je pensais simplement que nous assistions à une forme de rigidification de l'islam. L'Italien Antonio Gramsci a théorisé l'hégémonie culturelle[65]. Marx disait que toutes nos postures sont déterminées par l'économie. Or, dans les années 1920-1930, Gramsci explique que ce déterminisme économique n'est pas si décisif que cela face à la force de l'idéologie dominante. Pour lui, le nœud du combat de la classe ouvrière n'est plus forcément seulement l'économie, mais peut passer

64. « L'entrisme de Tariq Ramadan », tribune parue dans *Libération* le 19 novembre 2003.

65. Antonio Gramsci (1891-1937) fut un intellectuel marxiste et membre fondateur du Parti communiste italien.

par la culture. Il faut gagner la bataille des esprits, des idées. Les éléments socialistes doivent pour cela chercher à percer dans les médias d'information, les organisations de masse et les institutions éducatives en vue de propager l'analyse et la théorie révolutionnaire.

L'extrême droite l'a bien compris, et s'est emparée de la question. Elle a pris les armes de l'extrême gauche pour la combattre.

Lorsque des spécialistes de l'islamisme comme Gilles Kepel ou Éric Delbecque ont invoqué cette idée de « gramscisme » pour qualifier le djihadisme, cela m'a fortement surpris.

Or, parmi mes élèves, c'est exactement ce que je ressens. Derrière eux, il y a des « agents d'ambiance » qui ont mis en place des stratégies pour diffuser peu à peu une idéologie qui, pour moi, n'est pas compatible avec la République. L'idée, c'est de rogner progressivement sur les valeurs, d'intoxiquer, de gagner en visibilité dans l'espace public, d'imposer des débats… Le problème, c'est que seule la droite extrême réagit à ces provocations : Éric Zemmour, *Valeurs actuelles*, etc. Voilà l'un des angles morts de la question.

En tant que professeur, on se sent abandonné alors qu'on est au cœur de ce qui est en train de se passer : cette diffusion de l'islamisme, subreptice, dans les esprits. L'obscurantisme et le retour du religieux qui imprègnent beaucoup de mes élèves au quotidien, qui se traduisent dans leurs prises de paroles, dans leurs attitudes, sont le résultat de la percée à l'extérieur du lycée, dans les quartiers, dans les familles, de l'idéologie islamiste, celle des Frères musulmans ou des militants salafistes. On a l'impression que les syndicats et l'administration, en ne voyant pas le phénomène, en ne voulant pas le voir, ont capitulé. La plupart des syndicats de l'Éducation nationale se battent contre les idées d'extrême droite, mais ils ne s'opposent pas à ce nouveau fascisme qu'est l'islamisme.

Pour certains, c'est « à l'insu de leur plein gré », ils ne s'en rendent pas compte. Mais d'autres refusent clairement de voir la réalité en face, et cela me méduse. L'islam radical est un point aveugle. Pour eux, il n'y a plus d'universalisme, il n'y a plus que des dominés, des « racisés » tyrannisés par l'homme blanc. Certains parlent même de « rationalité blanche » pour qualifier Descartes, c'est dire… Dans ce raisonnement, l'islamisme n'est même pas examiné une seule seconde.

Et dès que l'on aborde avec eux la question, cette gauche nous oppose l'adjectif suivant :

islamophobe. Or, ce terme pose problème, tout autant que le syntagme « islamo-gauchisme ». *Phobie* vient du grec *phobos* et qualifie une peur qui n'est pas rationnelle. L'arachnophobie est la peur panique des araignées, la claustrophobie une angoisse de l'enfermement, etc. Le terme *islamophobie* lui-même n'est donc pas adéquat, car il pathologise une position intellectuelle critique. Il est admis que le mot a été mis au goût du jour en 1979 par l'Iran des Mollahs pour interdire toute critique de l'islam. Ce qu'on sait moins, c'est qu'il a été utilisé dès la séquence coloniale en France. Ce terme avait été forgé par des élites françaises peu après la première guerre mondiale, et était employé comme un reproche fait à certains cadres coloniaux : il ne fallait pas être « islamophobe », disaient-ils, car l'islam était une religion parfaite pour le colonisateur. On y prêchait la soumission, or le fait que les musulmans soient soumis arrangeait bien la France colonisatrice…

Aujourd'hui « islamophobe » est une étiquette disqualifiante, visant à interdire tout discours. C'est le pendant du terme *islamo-gauchisme*. C'est pour cela que je n'emploie jamais ni l'un, ni l'autre.

Si l'on va plus loin dans l'étude du qualificatif *islamophobe* on s'aperçoit vite, en outre, qu'il ne veut rien dire, car on ne peut en effet pas être raciste envers une religion, mais seulement envers une personne. L'antisémitisme, par exemple, revient à s'attaquer à quelqu'un parce qu'il est juif, ce qui n'a pas forcément de lien avec sa confession. L'islamophobie, étymologiquement, signifie avoir peur de l'islam. On peut tout à fait se qualifier de « christianophobe », voire de « judéophobe » si l'on rejette la religion chrétienne ou juive. On en a le droit... De la même manière, il n'est pas interdit de critiquer l'islam en se disant « islamophobe ». Encore faudrait-il savoir de quel islam on parle, tant il est multiple et varié. Mais le terme *islamophobie*, tel qu'il est employé aujourd'hui dans le débat public, interdit toute discussion une fois qu'il a été prononcé. Qui plus est, si l'on examine plus précisément la manière dont l'expression est concrètement employée, Salman Rushdie avait par exemple été qualifié d'islamophobe, puis les dessinateurs de *Charlie Hebdo* l'ont été, tout comme Samuel Paty ou, aujourd'hui encore, Mila. Cette épithète se veut infamante, et sert à désigner comme cible.

La théorie est nécessaire à la compréhension, mais à un moment donné, revenir à l'examen des faits est indispensable.

6.

La laïcité pour vivre ensemble

> *L'éducation républicaine ne croit pas à des vérités absolues, immuables, intangibles. Elle n'accepte ni doctrine d'État, ni doctrine d'Église, comme l'expression parfaite de la parfaite vérité. Elle croit que la vérité elle-même évolue et grandit avec l'esprit humain.*
>
> Ferdinand Buisson[66]

La laïcité est une neutralité

C'était il y a deux ans, nous abordions la notion de laïcité en classe. L'humeur était joyeuse. J'emploie le terme *laïc*. « Monsieur, vous êtes sur

66. À la Chambre des députés, le 19 janvier 1910.

Facebook ?» Je suis habitué à être surpris par les adolescents, mais là, je ne vois pas le rapport. « Non », réponds-je, « je ne suis pas sur Facebook, pourquoi me demandez-vous cela maintenant ?
— Parce que ! Vous parlez de *like* ! »

J'ai dû écrire le mot au tableau. Nous partons parfois de loin.

La laïcité, chez mes élèves, suscite au mieux de l'incompréhension, au pire une franche hostilité. Ils pensent toujours qu'elle est dirigée contre eux, qu'elle s'oppose à l'islam, qu'elle est une sorte de religion concurrente. Mais lorsqu'on prend le temps d'aborder avec eux les textes, de leur en expliquer les tenants et les aboutissants, très souvent, ils reconnaissent qu'ils ne savaient tout simplement pas ce que c'était, et que finalement c'est une notion intéressante.

Il est important, pour eux comme plus largement pour un grand nombre de nos concitoyens, y compris et surtout les personnels de l'Éducation nationale, de revenir à l'esprit qui a présidé à l'instauration de la loi de 1905 sur la séparation des Églises et de l'État.

La laïcité elle-même est bien antérieure à cette loi. J'ai déjà parlé de Ferdinand Buisson, des guerres de religion et du protestantisme, de la protection des minorités religieuses. Il est aussi utile de rappeler que plusieurs visions de la sécularisation se sont affrontées dans l'histoire de France, à partir du XVIIIe siècle.

À cette époque, le clergé était tout-puissant, il s'agissait donc de s'émanciper de son emprise. La laïcité est ainsi apparue en parallèle de la sécularisation, ce processus qui a rendu peu à peu le politique, l'État, indépendant du pouvoir religieux, de l'Église catholique. Plusieurs courants ont été alors en concurrence, comme l'explique très bien le philosophe Jean-Claude Monod[67].

Une première conception de la sécularisation avait pour objectif de liquider, purement et simplement, les croyances : il s'agissait de détruire l'héritage religieux pour initier de nouvelles façons de penser.

Une autre forme de sécularisation voulait aussi séparer le politique du spirituel, mais – parfois à son propre insu – en imitant le pouvoir religieux lui-même. Les concepts étatiques auraient dès lors été calqués sur les concepts théologiques. Pendant

67. Jean-Claude Monod, *Sécularisation et laïcité*, Paris, PUF, 2007.

la Révolution française, ces deux idéologies ont donné lieu d'une part à de nombreuses destructions dans les églises, et d'autre part à l'instauration d'un culte de la «déesse Raison», par exemple.

Une troisième option a fini par prévaloir, et elle permet de comprendre le système qui est le nôtre aujourd'hui. À mon sens c'est une voie équilibrée. La France a adopté une sécularisation qui «neutralise» le religieux. Cela veut dire que l'État ne combat, ni n'imite l'Église, mais que le pouvoir politique devient neutre, et que la religion peut s'épanouir dans la sphère privée, pour chacun, en conscience. Différentes religions, bien entendu, ou différentes absences de religion… Liberté de culte, et liberté de conscience : les deux piliers de notre laïcité «à la française».

Il est important de connaître ce processus de balancement pour bien comprendre notre système. Car la tradition anticléricale en France, qui va de Rabelais à Brassens, a été très forte, et l'est encore parfois aujourd'hui dans certaines familles où l'on «bouffe du curé», et où il n'est pas question de mettre les pieds dans une église. Des hommes politiques dans le camp laïc, comme le

« père Combes »[68], étaient là pour « faire la guerre à la religion ». Ainsi, alors que différentes visions de la laïcité se sont affrontées dans notre histoire, ce n'est pas la plus dure, loin de là, qui a prévalu.

Le terme *laïcité* lui-même vient du grec et signifie « commun », « du peuple ». Il est utilisé dans le vocabulaire des Églises chrétiennes dès l'Antiquité tardive pour désigner tout individu de la communauté qui n'est ni clerc, ni religieux, c'est-à-dire qui est profane en matière de théologie. C'est un terme qui historiquement divise le monde en deux : celui des clercs d'un côté, et celui des profanes de l'autre. C'est la séparation du temporel et du spirituel. On le retrouve ensuite au siècle des Lumières, utilisé par D'Alembert, qui a participé à la rédaction de l'*Encyclopédie* avec Diderot.

Pendant la Révolution française, différentes lois sont qualifiées de *laïques*, par exemple celle instaurant le mariage civil le 3 septembre 1791. Le mot *laïcité*, dans son acception actuelle, est ensuite

68. Émile Combes (1835-1921) : homme politique français, ainsi surnommé car il fut éduqué au sein d'un séminaire. Ministre chargé des cultes en 1895 sous la présidence de Félix Faure, il fera preuve d'un anticléricalisme farouche.

attesté dans les dictionnaires à partir du Second Empire.

En 1871, la Commune rompt avec le concordat de 1801 qui faisait du catholicisme « la religion de la majorité des Français » et des membres du clergé des fonctionnaires. L'un des premiers décrets promulgués, le 2 avril 1871, stipule ainsi que « [l]'Église est séparée de l'État. » Son article 2 poursuit : « Le budget des cultes est supprimé. » Les Communards considéraient que la liberté de conscience était la première des libertés. Alors lorsqu'en 2021 certains, à gauche, ont commémoré les 150 ans de la Commune, tout en exprimant le souhait de renoncer à la laïcité, les bras m'en sont tombés.

Sous la Troisième République, la loi du 15 novembre 1887 sur la liberté des funérailles est dans la même veine que celle consacrée au mariage civil : une loi laïque. Les lois scolaires, dites « lois Jules Ferry », celles qui nous intéressent, rendent l'école gratuite (loi du 16 juin 1881) et l'instruction primaire obligatoire et laïque (loi du 28 mars 1882). La loi du 7 juillet 1904 supprime ensuite l'enseignement congréganiste. Enfin, la loi de 1905 vient parachever l'édifice, en séparant définitivement les Églises de l'État. Il faut préciser que la commission qui avait engagé les travaux préparatoires à cette loi était présidée par Ferdinand Buisson, et que son rapporteur était Aristide Briand. Au sein de ladite commission siégeaient des partisans d'une destruction complète de l'Église, et le débat fut vif. Mais, *in fine*, Briand réussit à rallier un grand nombre d'opposants et à faire adopter un projet jugé réaliste et libéral par la majorité. Buisson et Briand avaient compris que seule une loi de conciliation pouvait s'imposer. Aristide Briand était un anticlérical modéré, il ne partageait pas l'hostilité forcenée à la religion du «père Combes». Il n'était pas radicalement opposé à l'Église. Cependant, il jugeait sa présence trop pesante, notamment dans l'enseignement.

On le voit, l'histoire de la laïcité est profondément liée à l'histoire de France, à la volonté d'empêcher la guerre civile, comme l'explique très bien Patrick Weil[69]. La loi du 15 mars 2004, dite «loi sur le voile», n'est que la dernière d'une longue série, et s'inscrit dans ce processus historique. Elle n'est en aucun cas une trahison de l'esprit d'un Aristide Briand, au contraire : elle lui est fidèle.

69. Patrick Weil, *De la laïcité en France*, Paris, Grasset, 2021.

Il est important de rappeler que cette laïcité a été pensée entre autres par des protestants pour protéger les minorités religieuses, et par extension les non-croyants, du fait religieux majoritaire. Elle n'est pas antireligieuse. En cela, elle est fidèle à l'article 10 de la Déclaration des droits de l'homme et du citoyen du 26 août 1789 : « Nul ne doit être inquiété pour ses opinions, même religieuses ». En ce sens, elle est un outil politique, dans la mesure où c'est l'État qui décide, dans tous les domaines, de ce qui est acceptable et de ce qui ne l'est pas.

Elle est donc un outil précieux.

La remontée du fait religieux

Mes élèves me demandent tout le temps si je crois en Dieu. J'ai beau leur expliquer que la personne qui leur parle est une « instance professorale » dont les opinions sont sans importance, cela ne les empêche pas de me poser à nouveau la question au cours suivant. Pour eux, on est forcément croyant, c'est-à-dire juif, catholique, ou musulman. Être agnostique ou athée n'est pas envisageable.

Quand je leur explique ce qu'est l'athéisme, ils sont sidérés : « Mais monsieur, ce n'est pas possible, il y a forcément quelque chose ! » Inlassablement, je leur explique : « Je ne vous parle pas de mes convictions, je vous explique comment un homme peut se construire dans son rapport au monde, dans son for intérieur… » L'idée fait son chemin dans leur tête, mais avec difficulté. La pression religieuse est si forte sur leurs esprits qu'être a-religieux n'est pas une option.

Comme le décrit très bien Jérôme Fourquet dans son essai, *L'Archipel français*, le phénomène de déchristianisation s'est accéléré en France, et dans le reste de l'Occident, à la fin du XXe siècle[70]. C'est la conclusion logique de ce que le sociologue Max Weber appelait « le désenchantement du monde », expression qui désigne le processus de recul des croyances religieuses au profit des explications scientifiques.

Dans les années 1960, André Malraux avait énoncé une phrase prémonitoire : « Le XXIe siècle sera religieux, ou ne sera pas. » L'Occident sécularisé est ainsi actuellement confronté à un retour du religieux : c'est la réaction d'une civilisation en

70. Jérôme Fourquet, *L'Archipel français. Naissance d'une nation mutliple et divisée*, Paris, Le Seuil, 2019.

perte de vitesse, qui connaît en son sein un regain des thèses les plus réactionnaires. Ces phénomènes de poussée théologique sont les mêmes partout. Et la laïcité n'a rien à voir là-dedans. Dans les pays où cette notion n'existe pas, comme les États-Unis, l'Angleterre, ou encore la Suède, par exemple, la pression religieuse de l'islam politique, qui essaie de pousser ses pions dans toutes ces sociétés, est aussi une réalité.

L'islamisme n'est absolument pas incompatible avec le capitalisme. Il suffit pour s'en convaincre de se promener dans les centres commerciaux ultramodernes au Qatar ou en Arabie Saoudite. La synthèse entre réaction religieuse et modernité technologique fonctionne parfaitement : dans mon lycée, il n'est pas rare que je voie des élèves « scroller » les versets du Coran sur leur smartphone dernier cri dans les couloirs… Les marques de luxe, la mode, sont valorisées. Que ce soit au Qatar ou en banlieue parisienne, l'islam radical n'est pas la religion de personnes en situation de précarité : cette idée est fausse.

Aliénation marchande et religieuse fonctionnent de concert.

Ces deux processus, de déchristianisation et de remontée de l'islam rigoriste, se sont croisés dans le temps. Nous voyions moins le caractère précieux de notre laïcité, qui permet des écoles confessionnelles privées, séparées d'une école publique où la religion est absente, au fur et à mesure que les tensions religieuses s'apaisaient, avec la chute historique du catholicisme. Or depuis une vingtaine d'années, je constate très clairement un renouveau religieux et communautaire dans les lycées où j'ai exercé. Cette fois, ce n'est pas une influence qui vient d'une institution comme l'Église…

Avec la montée en puissance de certains courants islamistes, une forte pression familiale et communautaire s'exerce sur mes élèves, qui la répercutent ensuite dans l'enceinte scolaire. Pour beaucoup d'entre eux, « le signe religieux est devenu le vecteur d'une revendication politique et sociale[71] ». Impossible d'envisager se déclarer athée, ce serait très mal vu. Le concept même d'agnosticisme ou d'athéisme est très difficile à aborder avec eux.

71. Jean-Claude Monod, « La promesse de la sécularisation », entretien avec Élise Lamy-Rested, revue *ITER*, n° 1, 2018.

Les tenants d'un islam rigoriste, qui gagnent du terrain, placent les valeurs et les lois de leur religion au-dessus des autres principes. Mais la montée de cette tendance dans l'islam n'est absolument pas une réaction à notre laïcité, de même que le communautarisme n'est pas une réaction aux caricatures. La laïcité, cependant, leur pose clairement problème.

Car face à cela, nous avons la chance d'avoir des textes d'une grande clarté, qui ont fait leurs preuves. Ils établissent que l'institution scolaire « échappe » au religieux, en est « préservée », pour garantir liberté de culte, et liberté de conscience. Il importe donc de les réaffirmer tranquillement, de revenir à la lettre et à l'esprit de ces textes pour conserver une ligne de conduite juste qui puisse nous aider collectivement à faire face à cette montée du religieux. Notre laïcité n'est absolument pas dépassée, au contraire, car elle a été créée pour défendre, pour protéger. Elle permet la neutralité. Ce qui ne signifie pas qu'on ne peut adopter une distance critique à son égard… Mais les réductions haineuses de ses principes laïcs fragilisent la République qui les a établis.

Ainsi, et c'est ce que je dis à mes élèves musulmans qui croient qu'elle les discrimine, la laïcité a été mise en place en France pour que toutes les croyances, ou les non-croyances, soient respectées. L'espace de l'école est « neutralisé ». Pour moi, il est inacceptable de véhiculer l'idée que la laïcité vise telle ou telle religion, qu'elle est un combat. Quand un philosophe comme Étienne Balibar dit que nous sommes dans une laïcité « identitaire », par exemple, c'est un propos qui n'est pas recevable. Quand toute une partie des intellectuels lui emboîte le pas, ainsi que des femmes ou des hommes politiques, des « spécialistes » comme Jean Baubérot[72], ou une commission comme l'ex-Observatoire de la laïcité, par exemple, cela me fait bondir. Ces gens ne cessent de plaider pour une laïcité qui serait inclusive, ouverte… Or ces expressions sont des tautologies. Par définition, la laïcité est inclusive et ouverte. De même, quand on utilise l'expression « laïcité de combat » à l'extrême droite, c'est un oxymore. La laïcité est tout sauf une guerre. Elle consiste au contraire à pacifier les rapports sociaux, pour nous permettre de vivre ensemble. Aussi peut-on plaider pour une défense de la laïcité qui s'oppose autant à la droite identitaire qu'à

72. Jean Baubérot, historien et sociologue français, fondateur de la « sociologie historique de la laïcité ».

la gauche différentialiste, comme le fait le philosophe Henri Peña-Ruiz[73]. Et les positions des uns et des autres se sont crispées avec la loi de 2004 sur les signes religieux à l'école.

« Oui mais, monsieur, pourquoi nous interdire de porter le voile dans la classe, si la laïcité garantit la liberté religieuse ? », me demande une élève, pas plus tard que la semaine dernière. « Tout simplement parce que le prosélytisme est interdit dans l'espace scolaire », lui ai-je répondu.

La question du prosélytisme était déjà présente en 1937 dans les préoccupations du ministre de l'Éducation de l'époque, Jean Zay, qui, dans une circulaire, précisait : « Aucune forme de prosélytisme ne saurait être admise dans les établissements. Je vous demande d'y veiller avec une fermeté sans défaillance. » Jean Zay, ministre du Front populaire, assassiné par la Milice le 20 juin 1944... Aujourd'hui, il serait qualifié d'islamophobe.

Il y a enfin une grande confusion entre l'espace public et l'espace de l'école. La laïcité concerne l'éducation publique, ainsi que d'autres symboles

73. Henri Peña-Ruiz, *Dictionnaire amoureux de la laïcité*, Paris, Plon, 2014.

républicains. Elle ne régente pas l'espace extérieur. Le voile à la plage, ou dans la rue, ce n'est pas une question de laïcité. Les gens y sont libres.

Les principes laïcs peuvent donc tout simplement nous permettre de résister à ce regain du religieux. La loi de 1905 énonce très clairement la séparation de l'État, « déthéologisé », des Églises, elle renvoie le religieux à la sphère privée. Concrètement, cela veut dire que l'État n'a pas le droit d'aller voir ce qui se passe dans un lieu de culte, sauf menace à l'ordre public ; de même qu'un curé n'a pas à intervenir dans une école. Ainsi, lorsque j'ai lu que la principale du collège où exerçait Samuel Paty avait reçu un imam, je me suis dit, une fois encore, que les textes de loi étaient mal connus, et qu'ils auraient pu servir de repère. Dans un collège public, on ne reçoit pas un imam, c'est très simple. Nous, enseignants, personnels de l'Éducation nationale, n'avons rien à leur dire. Nous appartenons à deux sphères distinctes. Que dirait-on si un homme politique entrait dans une église, une synagogue, ou une mosquée, pour y donner des leçons de morale ? Cela ferait scandale, à raison. L'inverse est vrai aussi.

La laïcité est une réciprocité.

La capitulation des intellectuels

La mécompréhension, volontaire ou involontaire, des principes de la laïcité par beaucoup de militants, qui présentent ces textes de loi comme une déclaration de guerre aux musulmans, est à mon sens extrêmement dangereuse. Ils ne comprennent pas qu'ils constituent un marchepied pour des personnes aux idées réactionnaires et mortifères, qu'ils leur permettent, sous prétexte de « tolérance », d'enfoncer un coin, de percer des brèches dans la République. Car les partisans d'un islam politique et rigoriste ont, eux, bien compris quel profit ils pouvaient tirer de ces renoncements, en instrumentalisant la laïcité pour mieux s'en dire les victimes.

À côté de ces militants, des intellectuels se proclament pseudo-spécialistes de la laïcité et adoptent, eux aussi, des postures pernicieuses. Sous couvert d'expertise, ils jettent le flou sur cette notion clé. C'était le cas de l'Observatoire de la laïcité, qui a fini par être dissous en 2021. Si l'on décrypte ce que ces gens disaient, il apparaît très clairement qu'ils étaient davantage préoccupés par la « stigmatisation des musulmans », cache-sexe des renoncements, que par l'affirmation tranquille des principes laïques. D'autres universitaires, comme le professeur François Héran, par exemple, du Collège de France, ne proposent que des reculades. Après la mort de Samuel Paty, cette figure intellectuelle a publié un texte suggérant clairement de mettre de côté certaines de nos libertés sous couvert de « ne pas provoquer ». Ses arguments y sont très finement exposés, et trompeurs. Il conseille par exemple aux professeurs de ne plus montrer de caricatures religieuses, pour ne pas heurter les sensibilités : « *Dignité* étant [...] le maître-mot », écrit-il, « je ne vous conseille pas d'examiner [...] avec vos élèves les caricatures de *Charlie Hebdo* ». Et il ajoute : « Dans la lecture offensive [de la liberté d'expression], celle de la cour de Strasbourg, toute parole ou image, même offensante, alimente le débat public et, donc, sert la démocratie. Elle serait bénéfique pour tous, y compris pour la minorité offensée. [...] L'autre interprétation du droit de libre expression prend au sérieux le principe de non-nuisance ». En clair, il ne faut pas offenser les croyants[74].

74. François Héran, « Lettre aux professeurs d'histoire-géographie, ou comment réfléchir en toute liberté sur la liberté d'expression », *La Vie des idées*, 30 octobre 2020.

De même, après la mort de Samuel Paty, une tribune publiée dans *Le Monde* par les grands noms de la revue *Esprit*[75], ainsi qu'une autre signée de Luc Ferry et parue dans *Le Figaro*[76], m'ont scandalisé. Tous reprenaient les mêmes arguments, allant dans un seul sens : ces caricatures seraient discutables, démagogiques, et anti-pédagogiques ; ce qui revient à dire qu'il ne faut pas offenser, pas heurter les sensibilités. De bien beaux sentiments, dont on mesure la perversion à l'usage.

Mes élèves, ainsi, sont dans leur grande majorité persuadés qu'il existe un délit de blasphème en France. Je leur apprends que non, qu'il est permis de critiquer une religion. Ils tombent des nues. Parfois, ils le prennent mal, car ils s'identifient tellement à leur religion qu'ils pensent que toute critique est dirigée contre eux personnellement, que l'on se moque d'eux. Alors je leur explique

75. Olivier Mongin et Jean-Louis Schlegel, « Les défenseurs de la caricature à tous les vents sont aveugles sur les conséquences de la mondialisation », *Le Monde*, 3 novembre 2020.

76. Luc Ferry, « Quelle liberté d'expression à l'école ? », *Le Figaro*, 4 novembre 2020. Deux jours plus tôt cet ancien ministre de l'Éducation nationale avait déclaré : « on n'est pas obligé, pour enseigner la liberté d'expression, de montrer des caricatures qui sont à la limite de la pornographie. » (France Info, *Le Monde d'Élodie*, lundi 2 novembre 2020.)

calmement qu'à titre personnel, je suis évidemment extrêmement respectueux de leurs croyances, et que je comprends qu'un dessin puisse les heurter. Mais que heurter, c'est aussi provoquer la réflexion, rendre vivant. Dans un dessin, il faut dépasser les affects qui nous traversent forcément tous, car les caricatures sont faites pour cela : irriter. Elles sont du poil à gratter. Mais au-delà des affects, il y a la réflexion. Je leur dis de réfléchir.

De prime abord, ils trouvent ces dessins « lourds », et en effet certains le sont. Et puis, ensuite, nous dépassons cela en discutant tous ensemble. Et, très souvent, mes élèves arrivent à comprendre ce que ces grands intellectuels ne comprennent toujours pas.

Le positionnement de ce professeur au Collège de France, et de tous ceux qui exhortent les professeurs et les journalistes à « ne pas offenser les croyants », n'est pas adéquat, car ils se situent sur un plan moral. Ce sont de nouveaux curés qui considèrent que la laïcité elle-même est offensive. Alors que dans les caricatures, ou les dessins de presse en général, la morale n'a pas sa place. Cette expression-là est faite pour provoquer tout court, et provoquer la réflexion ensuite. Dans une démocratie, une telle liberté est précieuse.

Ces intellectuels devraient nous éclairer ; or pour moi leur raisonnement moralisateur est au contraire pervers. Si on le suit, on devrait donc expurger tout ce qui offense, tout ce qui choque ? Je devrais donc, en toute logique, jeter mes livres des frères Goncourt ou de Baudelaire, voire beaucoup d'autres, car dans la plupart des livres de littérature française, il y a des remarques antisémites ? On ne peut pas être dans une telle forme de présentisme, d'ethnocentrisme temporel, vouloir effacer de notre passé, et de notre présent, tout ce qui nous gêne. Ainsi, cette critique intellectuelle de la laïcité rejoint-elle la *cancel culture* venue des universités américaines, qui déferle sur la France et l'Europe en ce moment, avec toujours ce même leitmotiv bien-pensant : « Il ne faut pas offenser. »

À chaque début d'année, j'ai un rituel avec les classes sont je suis le professeur principal. Nous lisons le paragraphe que le règlement intérieur du lycée consacre à la laïcité. Souvent, découvrir ce texte les étonne : « On pensait pas que c'était ça ! » Soit on leur avait mal expliqué ce qu'était la laïcité, soit ils l'avaient mal comprise… En tout état de cause, cette notion est tellement attaquée dans le débat public qu'ils en avaient une vision totalement négative. Je leur explique invariablement que la laïcité n'est pas dirigée contre eux, mais qu'au contraire, elle leur permet d'avoir une liberté de culte et de conscience. Ces textes sont pour eux une vraie découverte, qui les étonne et les apaise.

La laïcité n'est ni un problème, ni une arme : c'est un outil qui peut nous servir à réaffirmer clairement nos principes face à la montée de l'intolérance religieuse. En permettant une éducation libre, elle pourrait être un précieux élément de résistance au fanatisme. Il faudrait pour cela que l'on en revienne aux fondamentaux de l'émancipation par le savoir, car, comme l'écrivait George Orwell : « La dictature naît sur le terreau de l'ignorance. »

7.

Réaffirmer nos principes

L'école est le modèle le plus élevé de la vie sociale. Rester un écolier doit être le vœu secret d'un maître.

Gaston Bachelard[77]

Et si la tolérance était au-dessus de tout ?

J'ai été marqué par cette sortie où deux élèves ne sont pas venues car elles refusaient d'enlever leur voile. Profondément meurtri par ces accusations de racisme qui ont ensuite fusé contre moi dans les transports en commun. J'ai été très affecté par les remarques de mes collègues me montrant du doigt car j'aurais personnellement « fait du

77. *Le Rationalisme appliqué*, Paris, PUF, 1949.

zèle». Alors, j'ai douté du bien-fondé de la réaffirmation de ce principe de laïcité hors les murs de l'école.

Avais-je bien fait ce jour-là? N'étais-je pas allé trop loin? N'aurais-je pas dû céder? Le plus important après tout n'aurait-il pas été que ces élèves participent à la sortie? Nous avions visité un site parisien que beaucoup ne connaissaient pas, un site extraordinaire.

Je ne suis pas un homme de certitudes. Je doute en permanence. Je tourne et retourne les problèmes dans ma tête. Et si j'avais eu tort? Et si mon proviseur ce jour-là avait mal fait de «stigmatiser» ces deux élèves à qui leur religion imposait de se couvrir les cheveux à l'extérieur? L'une de ces élèves, de surcroît, est un élément brillant, la première de sa classe. Elle pourrait faire de longues études, j'en suis certain.

Et si finalement la tolérance à l'anglo-saxonne était la meilleure solution? L'histoire de la laïcité est ancienne, certes. Mais dans le monde tel qu'il va, ses principes ne sont-ils pas trop rigides, voire inadaptés à la modernité?

Ce sont toutes ces questions qui me taraudaient alors que les vacances approchaient, m'offrant l'opportunité d'une pause salutaire face aux tensions du quotidien.

La rentrée venue, je croise cette jeune élève prometteuse dans les couloirs, l'une de celles qui n'avaient pas voulu enlever son voile ce jour-là. J'attends au mieux un salut normal, au pire une indifférence hostile. Quelle n'est pas ma surprise quand cette élève me saute littéralement dessus, en me saluant d'un chaleureux : « Bonjour, monsieur Valogne ! Contente de vous revoir ! » Je ne l'ai pas régulièrement en classe cette année-là, mais je sais qu'elle avait apprécié mes cours l'année précédente car elle les avait suivis assidûment, en participant de manière très active. C'est une élève qui « joue le jeu » de l'école, qui n'est pas dans le rejet. Après, comme chez beaucoup d'adolescents, il y a les préjugés. Qui n'en avait pas à leur âge ? Je me souviens qu'elle avait traité Don Juan de « mécréant » – c'est un contresens, et nous en avions discuté. Cette élève, comme la plupart de ses condisciples, est pétrie de certitudes religieuses face auxquelles il est difficile d'ouvrir les esprits. L'Éducation nationale devrait être un sanctuaire, dans un monde où le « commun » se délite jour après jour.

Ce que je vais dire est extrêmement vaniteux de ma part, mais je considère que dans ma classe, les élèves ne perdent pas totalement leur temps. J'ai la chance d'enseigner une matière, le français, qui est liée à la vie, au sens qu'on souhaite lui donner, beaucoup plus que les mathématiques ou d'autres matières certes passionnantes, mais où il est plus difficile de faire des digressions. Dans les sciences humaines, il est plus simple de relier les enseignements au vécu des adolescents. Or je ne fais pas cours de manière académique ; je pars toujours de la sensibilité des élèves, de ce qu'ils perçoivent, et nous progressons en interaction. C'est une maïeutique.

Mes accès de relativisme s'envolent ce jour-là au milieu du brouhaha du couloir lorsque cette élève me salue d'un grand sourire. Peut-être, me dis-je alors, se souviendra-t-elle que ce professeur dont elle avait aimé écouter les cours, qu'elle appréciait, avait été ferme le jour de la sortie scolaire pour faire respecter les principes d'un cadre républicain qu'elle ne comprenait pas à ce moment-là. Peut-être se dira-t-elle : « Ce professeur, il était intransigeant, mais ça ne l'empêchait pas d'être sympa. Et lui, on sait qu'il n'est pas raciste. Donc il n'a pas fait ça contre nous… » Peut-être un jour cette réflexion fera-t-elle son chemin dans sa tête… Peut-être… Nous ne pouvons que semer, sans savoir ce qui germera dans ces jeunes esprits en formation.

Cela ne m'empêche pas d'avoir peur pour elle, car je sais ce que signifie cette pratique rigoriste de la religion pour les filles. Promise à de belles études, elle pourrait bien simplement finir mariée à un homme qui la cantonnera aux tâches de son foyer. Cette jeune fille demeure pour moi un paradoxe : elle a adoré mes cours sur les Lumières, mais ne se sent pas française… Encore une fois, je ne peux qu'espérer avoir semé quelques graines… Et comme professeur, je me sens très isolé : car ce dont l'école et ces élèves auraient besoin, c'est d'une réaffirmation *collective* de ces principes.

J'ai une collègue qui a été mon élève, il y a vingt ans de cela. Elle était alors une adolescente pétillante, aimant l'école; ce n'est pas pour rien qu'elle est devenue enseignante. Dans les premières années de sa carrière, nous discutions beaucoup, elle était très heureuse d'être devenue professeure, transmettant à son tour des connaissances qu'elle avait aimé recevoir. Et puis, un jour, je l'ai vue se racornir peu à peu. Son mariage a eu lieu à la mosquée : les femmes d'un côté, les hommes de l'autre. Elle s'est comme éteinte, et voir ce phénomène m'a fortement attristé. Désormais, foin de discussions animées dans la salle des professeurs, ponctuées de ses grands éclats de rire. Le communautarisme, la force des liens familiaux, ont été plus forts. Conquérir et conserver sa liberté est un combat de tous les jours…

Ce retour au religieux, je le vois bien : désormais, rares sont mes élèves non-croyants. Jour après jour, l'obscurantisme gagne les esprits, et cette fermeture empêche l'accueil d'une parole différente. Or l'un des buts du lycée est justement l'apprentissage de l'autonomie. Si on veut faire un parallèle avec Kant, un sujet devient autonome lorsqu'il sort de sa minorité pour accéder à sa majorité. L'hétéronomie peut concerner le pouvoir économique, politique, religieux. La servitude peut être aussi bien celle de la marchandise que celle de la religiosité. Je le vois bien chez mes élèves : ils sont totalement dans la fascination des marques. C'est à qui aura les dernières baskets Nike ou le nouvel iPhone. *A contrario*, apprendre à être autonome consiste justement à conquérir sa liberté par l'exercice de la raison, comme le rappelle Kant. Il est vrai que ce projet des Lumières – s'affranchir de la tutelle théologico-politique – est aujourd'hui éminemment problématique, puisque c'est désormais le marché qui fait la loi. Mais il ne faut pas en conclure pour autant que cet idéal est caduc.

Or, la tolérance face aux nouveaux ennemis de la liberté n'est que faiblesse, et ne conduit nulle part. C'est une brèche dans laquelle s'engouffrent ceux qui prônent tout, sauf la tolérance.

Sauver l'esprit des Lumières

« Avant, les animaux parlaient, monsieur, je l'ai lu sur Facebook ! »

« Ils ont été maudits et c'est Dieu qui leur a retiré la parole ! »

« L'eau de la Seine ? Elle vient des toilettes, monsieur ! C'est quand on tire la chasse d'eau ! »

« Monsieur, il va où le Soleil quand il se couche ? »

…

Le problème avec les réseaux sociaux, c'est que désormais, le savoir et l'ignorance se retrouvent diffusés au même niveau. Il ne faut pas sous-estimer la technique dans laquelle on baigne. Marshall McLuhan l'avait très bien analysé en son temps. Dans *La Galaxie Gutenberg*, il a développé l'idée qu'en passant de la civilisation de l'imprimé à celle de l'électricité, les nouvelles technologies permettraient un échange presque immédiat de manière planétaire, créant ce qu'il a appelé un « village global »[78]. Au lieu de diffuser les Lumières, beaucoup de médias en ligne diffusent désormais l'obscurantisme. Dans le maquis des « informations », lorsque l'on n'est pas un minimum aguerri, comment s'y retrouver ? Comment des personnes qui sont encore en devenir peuvent-elles forger leur esprit critique, et ne pas goûter l'ivresse de ces échanges instantanés et chronophages, succomber à cette facilité à laquelle nous cédons tous, un jour ou l'autre ? Nous sommes désormais dans une civilisation de masse avec des médias extrêmement envahissants, dans un monde présentiste. La technologie démultiplie l'ignorance, en lui donnant la possibilité de s'amplifier, et elle la place en concurrence frontale avec la connaissance.

Souvent, en classe, le fer est porté par des élèves qui en savent un tout petit peu plus que les autres, ceux que Pascal appelait des « demi-habiles ». Problème : ce léger vernis qu'ils ont en plus est

78. Marshall McLuhan (1911-1980), fondateur des études contemporaines sur les médias.

cultivé à l'aune du ressentiment alimenté en grande partie par les réseaux sociaux. Et certains, dans la société, amplifient cette tendance en attaquant les fondements de l'universalisme issu des Lumières. Les militants de cette gauche décoloniale, qui imprègne désormais une bonne partie du débat d'idées, attaquent frontalement cet héritage philosophique et politique, qui serait, disent-ils, hypocrite, et nierait le racisme en se cachant derrière un universalisme de façade qui empêcherait de nommer le mal.

L'idée de l'universalisme, si on suit ce schéma de pensée, serait une idée occidentale, donc dominante, et n'aurait plus de valeur aujourd'hui. Dans la même veine, tout est bon pour disqualifier les penseurs des Lumières. Voltaire est ainsi qualifié d'« esclavagiste », pour avoir un jour conclu une affaire avec un marchand d'esclaves ; en conséquence de quoi, son héritage intellectuel ne serait pas valable. Or Voltaire a tout de même écrit le chapitre « Le nègre de Surinam » dans *Candide*, et pris fait et cause contre l'esclavage. Cela ne compte-t-il pas ? De même, Rousseau a écrit l'*Émile* alors qu'il a abandonné ses enfants à l'assistance publique, ce qui n'est certes pas forcément cohérent. Cela signifie-t-il qu'il faille mettre à la poubelle tout ce qu'il a écrit ? On voit toute la limite de l'argument qui vise la personne elle-même et non la cohérence de son propos. « Qui ne peut attaquer le raisonnement, attaque le raisonneur », disait Paul Valéry.

Il est certain que la rationalité, ce monde galiléo-cartésien dans lequel nous avons baigné pendant trois siècles, incluant ce processus de modernité, de sécularisation, la victoire de la raison, n'est pas incompatible avec la barbarie. Exterminer techniquement et scientifiquement six millions de juifs, et pour cela mobiliser toute la raison – celle des médecins, de l'administration, de l'organisation de la bureaucratie, d'un appareil d'État –, construire une bombe à hydrogène et la larguer sur Hiroshima et Nagasaki : tout cela est lié au triomphe de la raison. Les Lumières et l'universalisme ont failli. Mais ce n'est pas une raison pour liquider la raison elle-même.

J'aime ce proverbe simple : « Il ne faut pas jeter le bébé avec l'eau du bain. » La critique du discours des Lumières ne date pas d'hier : nombre d'intellectuels dans les années 1960 et 1970 ont déconstruit cet héritage, de même qu'ils ont battu en brèche la tradition de la pensée dite « humaniste ». Ce courant philosophique a traversé l'Atlantique, infusé dans les universités américaines, et nous revient aujourd'hui comme un boomerang depuis la gauche «*woke*» d'outre-Atlantique.

Aujourd'hui, en France, le discours anti-Lumières est devenu caricatural, c'est une critique virulente de «l'universalisme abstrait», un concept «blanc», «occidentalocentré» et «hypocrite», qui ne tiendrait pas compte des situations particulières; il constituerait en quelque sorte la bonne conscience de l'homme blanc, qui lui servirait à nier les problèmes en ne voulant pas observer les particularismes.

Il faut certes critiquer un universalisme qui ne serait qu'abstrait. Dans sa *Lettre à Maurice Thorez*, Aimé Césaire, par exemple, évoquait «un universalisme décharné»[79]. J'aime cette formule. Le divers, en effet, ne doit pas être soumis à l'identique. Mais tout le monde n'a pas la subtilité d'un Césaire. La critique menée aujourd'hui tambour battant contre l'universalisme est beaucoup trop radicale : elle bascule de plus en plus dans une

79. *Lettre à Maurice Thorez*, Paris, Présence africaine, 1956. Dans cette lettre, Aimé Césaire explique les raisons de sa rupture avec le Parti communiste français à la suite de la publication du «rapport Kroutchev» sur les crimes de Staline. Il y dénonce entre autres l'ambiguïté du PCF face à la déstalinisation.

forme d'individualisme, où chacun serait cloisonné dans une identité close. Or cette critique est réductrice. Les Déclarations des droits de l'homme de 1789 et 1793 affirmaient déjà l'unité du genre humain tout en prenant en compte le fait qu'il existe concrètement *des* hommes, avec des particularités socio-historiques. Ainsi, l'article 1 de la Déclaration de 1789 a conduit à abolir l'esclavage dans les plantations et les colonies en 1794. Il n'y a donc pas lieu d'abandonner le projet universel.

Défendre un « universalisme concret » ne veut pas dire que nous sommes tous identiques ; il permet au contraire d'échapper aussi bien à l'uniformisation qu'à l'enfermement dans l'identité. Il est important de reconnaître les individus dans leur souffrance, leur parcours, leur trajectoire, mais la raison issue des Lumières peut et doit être émancipatrice. Interpréter le monde au prisme de l'appartenance raciale est une impasse. Revenir à des notions simples doit nous permettre de ne pas figer les minorités dans leurs particularités – en organisant un entre-soi dans des « espaces protégés », par exemple. Servons-nous au contraire de notre raison, et de l'universalisme concret qu'elle induit, pour recréer du lien entre les hommes. Or ce n'est pas ce vers quoi nous tendons… Notre société s'oriente, *via* l'exacerbation des identités, vers une guerre de tous contre tous.

Ces tensions se concrétisent au quotidien dans certaines de mes classes. Avec ces élèves de première, il y a deux ans, j'ai un jour perdu mon calme, car les adolescents s'étaient invectivés pendant tout le cours : «Toi le *renoi* !», «Toi le *rebeu* !»... Je m'étais alors aperçu que la géographie de la classe reflétait très précisément l'origine ethnique de mes élèves. Ceux issus d'Afrique noire s'étaient regroupés sur la rangée de gauche. À droite s'étaient installés ceux d'origine maghrébine. Au milieu, se trouvaient quelques adolescents d'origine antillaise, et au premier rang, deux jeunes gens d'origine asiatique. La classe était parcellisée, et entre les groupes, la tension était palpable.

Sentant la moutarde me monter au nez, j'interromps mon cours : «Mais qu'est-ce que c'est que cette ambiance entre vous ?» Deux ou trois adolescents ricanent. L'un tente une explication : «Bah c'est normal monsieur ! Vous aussi vous avez une origine ! » Je lève les yeux au ciel. «Mes origines ? Ma grand-mère était belge, oui... Alors, vous allez m'appeler "le Belge" ? — Mais monsieur, vous voyez bien... » La curiosité pousse un autre élève à me poser cette question : «Comment vous nous voyez, monsieur ? » Ma réponse ne fait pas un pli : « Je vois d'abord devant moi des élèves. »

Du brouhaha, la classe passe au silence. Je sens que les adolescents sont interloqués. Je ne vois évidemment pas les différences quand je suis en cours, je fais cours à tous également. Notre dialogue se poursuit : « Mais monsieur, vous le voyez bien quand même, qu'on est tous différents !
— Peut-être ! Mais pour moi vous êtes d'abord mes élèves, et je suis là pour vous faire cours. »

Ils rejouaient la guerre identitaire dans laquelle ils baignent à l'extérieur de l'établissement, et ils attendaient que je me positionne. Le ressentiment était fort, notamment contre les Antillais. C'est ce jour-là que j'ai appris l'adjectif « Bounty » (« Noir à l'extérieur, blanc à l'intérieur »). « Toi tu es blanc dans ta tête ! » est une insulte qui fuse parfois en classe.

Pour moi, pratiquer l'universalisme concrètement au quotidien, c'est cela. Je ne m'en aperçois même pas. Mes élèves sont d'abord des élèves, que je prends tels qu'ils sont, avec bien sûr des particularités, mais je ne fais même plus attention à leurs origines. Ces choses n'ont pas d'influence sur moi. Je suis là pour les faire progresser, rien d'autre.

Cela ne veut pas dire que la question de l'identité n'est pas légitime. Mais son instrumentalisation pose problème. Les années de présidence de Nicolas Sarkozy, nous nous en souvenons, avaient été des années d'hystérie. Or l'émancipation, c'est reconnaître les particularismes, mais c'est surtout ensuite les transcender. C'est un universalisme qui s'oppose au communautarisme, à l'atmosphère identitaire. Il importe de ne pas rester dans un cadre binaire, de dépasser les oppositions, de décaler son regard… De faire, là encore, un pas de côté.

L'universalisme des Lumières qu'il nous faut sauver, c'était celui de Martin Luther King dans les années 1960. Il rêvait d'une réconciliation entre Noirs et Blancs, qui « seraient tous assis à la table du banquet de l'humanité. »

L'universalisme des Lumières qu'il nous faut sauver, c'était aussi celui de James Baldwin, cet écrivain afro-américain, homosexuel, qui a commencé à écrire dans les années 1950, et qui est venu vivre en France pour échapper au racisme nord-américain. Il disait aimer la France car, selon lui, la race n'y était pas une « béquille ». On ne le renvoyait pas alors à sa couleur de peau.

L'universalisme des Lumières qu'il nous faut sauver, c'était encore celui de Joséphine Baker, s'engageant dans la Résistance. Celui de tous ces *jazzmen* venus à Saint-Germain-des-Prés dans les années 1950.

L'universalisme des Lumières qu'il nous faut sauver, c'était cette fabuleuse histoire d'amour entre Miles Davis et Juliette Gréco. Miles Davis, qui parlait avec cette voix éraillée qu'on lui connaissait, parce qu'un jour, devant un club de New York (qui n'est pas, faut-il le rappeler, le Mississippi), un policier lui avait asséné un coup de poing dans la carotide, comme cela, juste parce qu'il était noir.

L'universalisme des Lumières qu'il nous faut sauver, c'est également celui de Chester Himes, cet écrivain américain auteur du roman *La Reine des pommes*, traduit à la Série noire et salué par Jean Giono, venu s'installer lui aussi en France dans les années 1950 pour y écrire ces fabuleux polars qui nous parlent de la violence des ghettos noirs. La France, où le premier joueur de football noir a foulé le terrain en équipe nationale dans les années 1930, alors qu'en Angleterre, il a fallu attendre les années 1990. Le rugby français, où la couleur de la peau de joueurs comme Serge Blanco ou Serge Betsen n'a jamais été un sujet de conversation.

Pour toutes ces raisons, je m'érige en faux lorsqu'on me parle de « racisme d'État » issu de « l'État colonial » en France. Dans la fonction publique française, aucun obstacle spécifique ne se dresse devant une personne issue des minorités voulant passer un examen ou un concours. Et s'il y a du racisme, il se situe certainement davantage dans la sphère privée que dans la sphère publique. Ce qui me gêne profondément, c'est que nous sommes en train d'importer dans le débat hexagonal des problématiques anglo-saxonnes, de les plaquer sur le modèle français, alors qu'elles n'ont rien en commun avec les nôtres.

Les penseurs de l'école de Francfort sont les premiers à avoir questionné les Lumières. Retrouver « l'éthique de la discussion », selon Jürgen Habermas, c'est lutter contre ce processus de morcellement et de parcellisation dans lequel nous sommes engagés, et qui mène uniquement à ce que tout le monde s'entredéchire. Les identités peuvent se décliner à l'infini. Si l'on se focalise sur elles, c'est un émiettement sans fin qui nous attend.

Replacer les Lumières sur leur axe, cela signifie passer d'une rationalité instrumentale à une rationalité émancipatrice, qui ne soit plus de l'ordre de la domination, celle des hommes sur la nature, celle des hommes sur d'autres hommes, celle des hommes sur les femmes…

Mais ce n'est certainement pas les abandonner.

Le plus beau métier du monde

Face à l'exacerbation des identités, des particularismes, face à la poussée religieuse – qui constitue d'ailleurs plus de la religiosité, par conformisme, qu'une réelle connaissance de la religion –, face à la montée de l'obscurantisme et au développement des *fake news*, je me demande parfois si je sers encore à quelque chose. Ne serait-il pas plus sage de renoncer ? J'ai d'autres passions que l'enseignement dans la vie. La musique, les livres, la nature… Et si l'on en croit tous les magazines de développement personnel, nous sommes tous voués à « changer de vie » plusieurs fois, à « réussir un nouveau départ », à « travailler notre adaptabilité ». N'est-il pas temps pour moi, à présent, de faire autre chose ?

Et puis, tout à coup, arrive ce que j'appelle une « épiphanie », un moment de grâce. Cette élève, Léonie, qui m'envoie un devoir *via* internet après notre cours de culture générale. Cela fait cinq ans qu'elle est dans notre lycée. Originaire du Rwanda, Léonie aurait pu mal tourner tant ses émotions avaient du mal à s'exprimer. Ses rapports avec les professeurs étaient extrêmement conflictuels. Elle est désormais dans sa deuxième année post-bac. Dans son message, Léonie écrit qu'elle a adoré mon cours sur la musique, et elle m'envoie le lien d'une vidéo YouTube d'un *jazzman*. Blanc. Je suis ému, heureux tout d'abord qu'elle ait apprécié l'enseignement, mais surtout, qu'elle en ait totalement compris l'esprit. Cette vidéo le prouve…

L'épiphanie, c'est aussi cet autre élève, Nabil, en France depuis trois ans, qui m'aborde un jour à la fin d'un cours, où il avait été très attentif, comme toujours. Il est très mal à l'aise avec tout ce qui se dit sur l'islam, et souhaite qu'on en parle. Nous avons eu alors une longue discussion. Il ne comprenait pas ce qui se passait, pourquoi il y avait ces attentats menés au nom de sa religion. Il était au plus mal… J'ai voulu être très clair avec lui : « Vous savez », lui ai-je dit, « ce n'est pas l'islam le problème, c'est le détournement d'une parole religieuse par des hommes qui veulent le pouvoir et qui sont dans le ressentiment. Ce qui se passe, c'est l'une des potentialités de l'islam, mais l'islam ne se réduit pas à cela. »

J'ai reçu il y a peu ce courrier électronique de sa part : *Bonjour monsieur Valogne, je voulais vraiment vous dire merci pour tout ce que vous avez fait pour nous. Je me souviendrai toujours de votre gentillesse et de votre bienveillance. Vous êtes une personne très humaine, et vous arrivez à nous motiver tout le temps tellement vos cours sont intéressants. Vous faites partie de ces professeurs qui marquent pour toujours, merci pour tout je ne vous oublierai jamais. Signé : un élève reconnaissant.*

Nous sommes ce que nous construisons, et j'ai une seule certitude : c'est que la vie est faite de rencontres, et qu'un professeur peut être l'une de ces rencontres. Alors, des jours comme celui-ci, je me dis que je fais le plus beau métier du monde.

Une lueur d'espoir

Depuis que j'ai commencé de livrer ce témoignage à Carine, quelques mois ont passé. Je n'en retire pas une ligne, alors que nous sommes sur le point d'envoyer le manuscrit à notre éditeur. Il y a quelques semaines, nous avons appris que dix membres de la famille de Samuel Paty ont déposé une plainte pour « non-assistance à personne en péril » et « non-empêchement de crime », mettant en cause le ministère de l'Éducation nationale et celui de l'Intérieur. Que la famille n'ait été reçue par aucun des deux ministères alors qu'elle le demandait m'a scandalisé. Depuis, une enquête a été ouverte par le parquet de Paris.

Pourtant, il est indéniable que l'assassinat de ce professeur a constitué un tournant. Une prise de conscience s'est opérée au plus haut niveau de l'État. Je fais désormais partie de ces mille professeurs volontaires qui suivent depuis quelques mois une formation aux questions de laïcité, dont tout le personnel éducatif bénéficiera ensuite. Les interventions auxquelles nous assistons depuis le mois d'octobre 2021 sont d'une grande pertinence. Nous avons de nombreux échanges avec des historiens, des sociologues, des juristes, des philosophes, qui vont de Dominique Schnapper à Henri Peña-Ruiz, en passant par Patrick Weil, Éric Maurin, Dominique Rousseau ou encore Jean-Pierre Obin, cet ancien inspecteur de l'Éducation nationale dont le rapport remis au gouvernement en 2004, déjà, alertait sur la montée de l'islamisme à l'école. À l'époque, il était resté lettre morte…

Professeurs, conseillers d'éducation, proviseurs et proviseurs adjoints, surveillants, assistants d'éducation ou agents comptables : il est prévu que tous les personnels de l'Éducation nationale reçoivent cette formation chacun à leur tour jusqu'en 2026. L'idée est de former l'ensemble du personnel éducatif à la laïcité dans l'enseignement public.

Ces journées d'études ne ressemblent en rien à des cours magistraux, au contraire. Les échanges sont construits de façon à ce que soit produite une réflexion commune sur la manière d'appréhender la laïcité, concrètement, dans nos établissements.

Nous gardons tous en tête les trois axes qui doivent nous guider : nous sommes là pour nous approprier les principes et les valeurs de la République, puis les transmettre, dans un deuxième temps. Et nous devrons enfin les faire respecter au quotidien. La laïcité, bien sûr, tient une place centrale. Mais elle est tout sauf théorique, et c'est sur le terrain que nous devrons la construire et l'éprouver. Au sein de chaque établissement où nous interviendrons, en binôme, tous les personnels seront systématiquement formés, et il ne s'agit pas de rester dans les sphères de l'abstraction.

Nous partons toujours d'études de cas très réalistes. Une sortie scolaire, par exemple, où un élève refuse d'entrer dans une cathédrale, « parce que c'est un lieu religieux ». Quelle attitude adopter face à cela ? Sur quel fondement juridique s'appuyer ? Quelle pédagogie mettre en place ? Quelle réponse éducative donner ? Il ne s'agit pas de contraindre, mais de convaincre, et, *in fine*, de s'appuyer sur la loi pour trancher si le litige perdure. Avoir en face de soi une communauté éducative soudée autour de valeurs communes suffit souvent pour apaiser le conflit.

Personnellement, j'ai eu enfin le sentiment d'être entendu, et c'est un soulagement. La solitude que je ressentais et décrivais lorsque nous avons commencé à discuter Carine et moi pour écrire ce livre s'est quelque peu estompée cette année. Je me suis aperçu, en échangeant avec ces collègues, qui comme moi sont volontaires, que je n'étais pas si isolé. Nous sommes nombreux à avoir l'impression d'être des moutons noirs, chacun dans notre coin.

Je ne suis pas dupe pour autant. Les formations ne font que débuter, très lentement, et ceux qui participent à cette mission étaient déjà quelque peu sensibilisés auparavant aux atteintes à la laïcité, et à la montée du fait religieux. Ce n'est pas le cas de tous les personnels, loin de là. D'ailleurs, quand un collègue dans la salle des professeurs a appris que j'allais participer à cette formation, j'ai essuyé quelques sarcasmes. Nous allons sans nul doute devoir faire œuvre de beaucoup de pédagogie, et de patience, car une grande confusion règne toujours dans les esprits de certains personnels de l'Éducation nationale.

Je ne suis pas dupe non plus des réformes catastrophiques mises en place ces dernières années au lycée, et je tiens à souligner que je ne soutiens aucun ministre. Je fais seulement œuvre de pragmatisme : lorsqu'une initiative va dans le bon sens, il serait absurde de s'y opposer par pur dogmatisme. Un tel dispositif ne sera certainement pas suffisant pour remettre l'éducation sur les rails, néanmoins il est absolument nécessaire. Il a aussi le mérite de faire ressortir des thématiques qui étaient jusqu'à présent occultées, avec un effort de clarification philosophique, sociologique, historique, juridique et conceptuelle qu'il est bon de souligner.

Pour bien des raisons, je ne souhaite pas sortir de l'anonymat. Je veux en toute quiétude mener cette mission à bien sans parasitage extérieur et continuer d'enseigner dans mes classes sereinement. Les anecdotes décrites dans cet ouvrage sont toutes exactes, et très personnelles ; la déontologie m'impose un devoir de réserve, néanmoins j'ai considéré qu'il était à un moment donné d'intérêt supérieur de porter à la connaissance des lecteurs les phénomènes que je décris dans ces pages. Ainsi, ma liberté de ton dans ces propos confiés à Carine a été totale, mais mesurée ; je ne renie aucun des mots qu'elle a écrits d'après mes récits. La résistance face à l'obscurantisme et au radicalisme religieux, qui nous est chère à tous les deux, ne fait que commencer.

Table des matières

FSC
www.fsc.org
MIXTE
Papier issu de sources responsables
FSC® C003309

L'éditeur de cet ouvrage s'engage
pour la préservation de l'environnement
et utilise du papier issu de forêts gérées
de manière responsable.

CET OUVRAGE
A ÉTÉ ACHEVÉ D'IMPRIMER
SUR ROTO-PAGE
PAR L'IMPRIMERIE FLOCH
À MAYENNE EN AOÛT 2022

N° d'impression : 100915
Imprimé en France